코로나19와 함께 한복, 코스프레

- 스마트폰과 삼각대로 도전한 코스튜플레이어의 나 홀로 촬영기 -

코스프레총서 II

한요진쏨

코로나19와 함께 한복, 코스프레(코스프레총서Ⅱ)

스마트폰과 삼각대로 도전한 코스튬플레이어의 나 홀로 촬영기

발 행 | 2022년 05월 19일
저 자 | 한요진
펴낸이 | 한건희
펴낸곳 | 주식회사 부크크
출판사등록 | 2014.07.15.(제2014-16호)
주 소 | 서울특별시 금천구 가산디지털1로 119 SK트윈타워 A동 305호
전 화 | 1670-8316
이메일 | info@bookk.co.kr

ISBN | 979-11-372-8319-0

www.bookk.co.kr
ⓒ 한요진 2022

코로나19와 함께 한복, 코스프레

ㅡ 스마트폰과 삼각대로 도전한 코스튬플레이어의 나 홀로 촬영기 ㅡ

코스프레총서 II

한요진썸

 부크크

목 차

머리말: 기록으로서 나의 작품을 남기고 싶은 바람

하나의 사진을 완성하기 위해 내가 거치는 작업은 다음과 같다.

1. 내가 표현하고 싶은 것이 무엇인지 구상
2. 어떤 캐릭터를 차용할 것인지 결정
3. 한복 디자인 작업
4. 원단 매칭 작업
5. 패턴 제도
6. 마름질
7. 바느질
8. 촬영 장소 선정
9. 분장
10. 촬영
11. 후보정

이렇게 완성한 나를 표현한 사진을 SNS에 게시하곤 했는데 어느 순간 파편으로 흩어진 작업물을 하나로 모으고 싶었다. 구슬이 서 말이라도 꿰어야 보배라는 말이 있지 않은가. 타임라인에서 잠깐 보이고 사라지는, 누군가에게 하트를 받으면 그걸로 끝인 순간적인 소모품으로 놔두기에는 나의 노력이 아까웠다. 이럴 수는 없다. 의미 있는 무언가를 창작하고 싶었다.

가진 재주가 작아서 타인의 한복을 만들 실력은 되지 않기에 이러한 방향으로 다른 사람을 위하는 방향은 용기가 나지 않았다. 내가 좋아하는 일로 다른 사람들을 위해 할 수 있는 작업은 무엇이 있을까? 고민했다.

고민 끝에 내린 결론은 '한복과 코스프레를 기록하는 것'이었다. 순간에서 사라지는 파편으로 없어지 않고 이것을 하나의 책으로 묶어 기록한다면 10년 후, 20년이 지난 후에는 2020년대의 문화나 사회상을 연구하는 누군가에게는 조금이라도 의미 있지 않을까? 하는 생각이 들었다.

이 책은 한복과 코스프레를 교차하여 어떤 것을 창조하는 사람이 2020년대 초반에 어떤 작품 활동을 했는지 기록을 담았다. 우리 전통 옷 한복의 모습이 이렇게도 바뀔 수 있구나, 사람의 마음을 표현하고 캐릭터를 차용하는 그릇이 될 수도 있다는 사실을 기록했다. 그리고 코스프레가 캐릭터 따라하기가 아니라 자신의 속마음을 표현하는 예술이라는 것 또한 실천하는 모습을 담고자 했다.

사람의 머릿속 이상과 현실은 일치하지 않는 경우가 많다. 코로나19로 인해 바뀐 사회 환경에서 나의 머릿속 이상을 어떻게 표현할 수 있을지 많은 고민이 있었고 그 결과물을 이 책에 담았다. 누군가에게는 한복이, 누군가에게는 코스프레가, 또 다른 누군가에게는 코로나19 시기 피사체의 얼굴과 사진이라는 주제가 눈에 들어올 것 같다. 이 책을 읽는 독자에게 한 가지라도 도움이 되었다면, 그것으로 나는 참 기쁠 것 같다.

존재의 표현은 얼굴에서 끝나지 않는다. 온몸으로 자신을 표현하고 몸을 감싸는 옷과 분장으로 자신을 한껏 표현한다. 마스크로 얼굴을 드러낼 수 없는 상황에서는 몸과 옷, 분장으로 나를 표현하는 것이 더 중요한 상황이 되었다. 나는 독자들이 이 책을 읽으며 나 자신을 표현할 수 있는 옷과 분장은 무엇이 있을까 한 번쯤 고민해주면 좋겠다. 유행을 따라가지 않고 자신만의 스타일과 좋아하는 것을 표현하는 주체적인 의생활을 실현해보기를 바라며 프롤로그를 마친다.

사진 촬영에 쓰인 도구들

　스마트폰(샤오미 노트5), 삼각대, 자전거 손전등, 블루투스 리모컨

가름1. 사복에서 시작한 한복 코스프레 프로젝트

1. 네모네모 〈스폰지밥〉

스폰지밥. 웃음소리가 경쾌하고 긍정 에너지가 넘치는 우리의 친구! 성인이 되어 보니 스폰지밥보다 오히려 '뚱이'가 더 인기가 많던데, 그 이유는 특유의 뚱한 목소리로 대답하는 "뚱인데요~?"에 있는 것 같기도 하다.

〈스폰지밥〉은 맨 처음 한국에 수입되었을 때 〈스폰지송〉이라는 이름으로 EBS에서 방영되었다. 주인공 스폰지송은 김승준 성우가 맡아 연기를 했는데 그 이후 인기에 힘입어 원제 그대로 스폰지밥으로 다시 수입되어 지금까지 많은 사람에게 인기를 누리고 있다.

스폰지밥 한복을 만들게 된 계기는 이렇다. 만화영화 〈카드캡터 체리〉의 팬들이 주최하는 '카드캡터 체리 온리전' 행사가 있었는데 그때 알게 된 체리 팬 한 분과 인연이 닿아 SNS로 교류를 하게 되었다. 그러던 와중에 스폰지밥 전시회가 끝나가고 있다는 소식을 접했다. 전시회에 가고 싶으나 코로나19 감염이 걱정되어 전시 관람을 미루고 있다는 고민을 SNS에 올렸는데 마침 그분께서 초대권이 있다며 나눔을 해주셨다.

스폰지밥 한복 스케치

마스크만 쓰고 사람이 없는 시간을 노려 혼자 관람하면 코로나바이러스에서 조금은 안전하지 않을까 하는 생각이 들었다. 초대권을 나눔 해주신 감사한 마음을 받아 꼭 전시회를 다녀와야겠다고 결심했다. 전시회를 다녀온다, 감사한 마음을 담는다. 장소와 시간이 정해졌으니 경우(T.P.O)에 맞춰 나는 나만의 미션을 수행하기로 했다. 바로 스폰지밥 캐릭터를 따온 한복을 만들어 입고 전시를 관람하는 것이었다!

코스프레를 해온 기간만큼 작업실에는 원단이 아직도 산처럼 쌓여 있다. 원단 산에서 뒤적거리며 발굴한 남은 원단들을 조합하니 계절에 알맞은 겨울 한복을 한 벌 만들 수 있는 원단이 나왔다. 저고리 메인 원단으로 사용한 노란색 원단과 깃으로 사용한 털 원단은 카드캡터 체리 온리전에 참석하려고 구매했다가 남은 원단이었고 치마가 된 갈색 원단 겉감과 안감은 모두 나눔 받은 원단이었다.

안감은 무릎 담요를 만드는 재질의 원단으로 선택했는데, 색상이 겉감과 유사하고 따뜻한 스커트를 만들어 입고 싶은 이유에서였다. 저고리 안감은 인터넷으로 구매했던 〈피터 팬〉의 등장인물 팅커벨이 프린트된 면 원단을 사용했고 치맛말기 감은 〈펭수〉 겨울 한복에 사용할 목적으로

스폰지밥 한복

구매했던 원단에 덤으로 딸려온 겨울 셔츠 원단 안쪽 면을 이용했다. 빨간 옷고름은 한복 제작에 실패하고 남은 코트 감을 썼다.

　모아두고 보니 신기했던 것은 집에 있는 원단을 탈탈 털어 쥐어짜니 어떻게든 한 벌이 완성된다는 점이었다. 무(無)에서 유(有)를 창조할 수는 없지만, 유가 있으면 어떻게든 짜 맞춰서 유를 창조할 수 있는 나의 가능성을 엿보는 순간이었다. 사람이라는 존재 자체가 누군가의 결과물이기에 유에서 유가 창조되어 나라는 유가 새로운 유를 창조함이 천지조화의 이치이기 때문인 것 같다. 천지조화의 이치와 순리에 따라 나는 알뜰살뜰하게 조합하고 짜 맞추기를 멈추지 말겠다!

　처음에 계획할 때는 스폰지밥 한복으로 만들어야지! 했는데 이왕 겨울 저고리를 두껍게 만드는 것, 양면으로 입을 수 있도록 하자는 아이디어가 생겨서 겉감으로 쓰일 팅커벨 면 원단을 안감으로 사용하고 팅커벨 원단 쪽을 겉감으로 입을 수 있도록 바느질을 마무리했다.

　완성 상태는 괜찮았는데 회색을 좋아하는 편이 아니어서 그런지 입때껏 팅커벨 저고리를 겉감으로 하여 한복을

스폰지밥 한복 안감

입어본 적은 없다. 면 100% 퀼트 원단. 나름 고급이라 비싸게 주고 샀는데 안감으로 전락하게 된 팅커벨 원단에 미안함을 표하며, 언젠가는 팅커벨 저고리를 도전해보도록 하자!

노란색 저고릿감은 벨로아 원단으로 짧은 털이 있는 겨울 원단이다. 이 털 덕분에 착용감이 상당히 따뜻했다. 완성된 한복을 입은 내 모습을 본 어떤 분은 "이런 재질의 한복은 처음 봐요."라는 말을 했다. 속으로 생각했다. '저도 이런 재질로 한복 만들어보기는 처음이에요.' 털 원단 저고리, 무릎 담요 재질의 치마 안감 덕분에 한겨울에도 따뜻하게 입을 수 있는 야무진 겨울 한복 한 벌이 완성되었다.

이렇게 옷을 열심히 완성하여 〈스폰지밥: 행복을 찾아서〉전시관을 찾았다. 대학원 석사 마지막 학기에 재학 중인 때였는데 논문 심사는 끝났고! 수업은 종강했고! 나는 자유인이었고! 날아갈 것 같은 마음을 한껏 담아 내적 댄스를 추며 조교 근무가 없는 평일을 골라 전시에 갈 D-day를 잡았다.

후기를 검색해보니 평일 오전 오픈 컷이 사람이 가장

스폰지밥과 함께

적다는 의견이 있어 이때를 노리기로 했으나! 학교에 가지 않는 날은 프로 게을러[1]의 마음이 발동되는지라 준비를 하다가 출발이 살짝 늦었다. 그래도 낮 12시 전에는 도착하여 전시가 오픈한 지 1시간 정도 안에는 전시장에 도착할 수 있었다.

사전 조사를 한 바와 같이 오전에는 사람이 거의 없었고 내 앞에 1팀, 내 뒤로 2팀 정도가 함께 전시를 보게 되었다. 이마저도 띄엄띄엄 있었기에 안전하게 전시를 관람할 수 있었다. 전시장 앞에는 방역 수칙에 따라 체온 재기, 방명록 작성하기, 손 소독하기가 차례대로 진행되었고 이 수칙을 마치면 전시장으로 입장할 수 있었다.

전시장은 실내였기에 한복이 아주 따뜻했고, 혼자 사진을 찍느라 왔다 갔다 하면서는 몸에서 열이 날 정도로 더웠다. 전시장이 한산하여 혼자서 사진 찍기에 도전을 해볼 수 있는 상황이라 마음에 여유도 있었다.

전시장을 거닐면서 들었던 느낌은 마치 내가 스폰지밥이 사는 비키니 시티에 실제로 와서 어릴 적 친구네 집을 구경하는 것 같은 느낌이었다. 실물 사이즈와 유사한 스폰

---

1) 매우 게으른 사람을 일컫는 신조어

뚱이와 함께

지밥의 집과 비키니 시티의 모습들이 나의 눈을 사로잡았다. 전시관 중앙에서 비눗방울을 부는 스폰지밥의 모습을 보니 마음이 어느새 동심으로 돌아가고 있었다.

나는 코로나19로 인하여 2019년부터 사람을 만나지 못하고, 전시도 잘 가지 못하여 거의 두문불출하고 있었다. 이러했던 상황에서 스폰지밥 전시회는 근 1년 만에 내게 찾아온 단비 같은 전시회였던지라 어찌나 신이 났는지 모른다.

일반적인 미술 작품의 전시라면 차분히 보고 돌아왔을 것 같은데 스폰지밥 덕분에 나는 차분할 수 없었다. 고삐 풀린 망아지처럼 설레는 마음을 주최할 수 없어 종횡무진으로 전시장을 누볐다. 이날이 2020년 중 두 번째로 행복했던 날 이었다. (가장 기뻤던 날은 논문 심사 통과했던 날!)

현실의 상황이 여의치 않아서 나의 이상을 마음껏 펼칠 수 없을 때는 현실과 이상을 일치할 수 있도록 조율할 필요가 있다. 그리고 나의 이상을 어떻게 현실에 표현할 수 있을지 스스로 고민해야 한다.

스폰지밥 리플릿과 함께

코로나19 바이러스에서 나의 몸을 지키기 위해서는 외출 시에 마스크를 꼭 착용해야 한다. 그러나 사진을 찍을 때는 사람을 식별할 수 있는 얼굴이 가장 중요한 곳이다. 전시회는 전시를 보러 가는 것이기는 하지만 스폰지밥 전시회는 사진을 함께 찍는 것이 포인트인 포토존이 한가득한 전시회였다. 얼굴이 드러난 사진을 찍을 수 없을 상황이 눈에 보였다.

이런 의미에서 스폰지밥 한복은 나에게 한가지 가능성을 제시해 준 한복이었다. 캐릭터와 나의 표현에 있어 꼭 나의 얼굴이 사진에 들어가야 하는가? 라는 자신의 질문에 '나를 표현하고 내 생각을 드러나도록 함은 몸 전체에 있다.'는 사실을 깨달았다.

스폰지밥 한복 디자인 자체를 스폰지밥의 신체 전체의 색에서 따왔기에 스폰지밥을 만나러 가는 나의 설레는 마음이 잘 표현되었고 스폰지밥 자체의 이미지도 충분히 표현될 수 있었다고 개인적으로는 생각한다.

사람은 생각하는 대로 행동하고, 나를 표현하는 첫 번째 수단으로 옷을 선택한다. 생각과 행동을 의상에 담아 말하는 것이 코스프레 예술 활동이다. 스폰지밥 한복을 통해

스폰지밥 잡기!

의상으로 무언가를 표현하고 말한다는 나의 예술에 대한 방향성이 명확해짐을 느꼈다.

나는 이 활동을 하는 나를 자칭 코스프레 아티스트라고 부르기로 했다. 소중한 기억과 추억은 앞으로의 새롭고 무한한 나의 가능성을 열어주었다. 다음에는 어떤 캐릭터를 만날까, 어떤 생각을 표현할까? 설레는 기분으로 이번 글을 마친다.

2. 〈이누야샤〉 '링' 저고리

〈이누야샤〉는 한국에서 큰 인기를 얻은 일본 애니메이션이다. 개 요괴와 인간 사이에 태어난 이누야샤가 주인공으로 모험을 떠나는 이야기이다. 이 애니메이션에 '링'이라는 캐릭터가 등장한다.

링은 인간 소녀인데 말을 하지 못한다. 가난한 가정에서 태어났고 장애를 가진 이유로 사람들에게 멸시를 받고 돌봄을 받지 못한다. 이러한 링은 태생이 선하여 늘 타인에게 웃고, 선행을 베푼다. 링은 숲속에서 만난 이누야샤의 형 '셋쇼마루'의 부상을 목도하고 그 선한 마음으로 다친 자를 치료하고자 약초를 가져다주고, 먹을 것을 구해다 준다.

링의 지극한 선행에 평소 인간을 싫어했던 요괴, 셋쇼마루의 마음이 열렸다. 그러나 링은 셋쇼마루를 간호하려고 마을과 숲을 오가던 중 인간에게 공격을 받아 죽고 만다. 셋쇼마루는 그간 정이든 링을 살려내어 유일하게 자신 옆에 두는 인간으로 허락하며 함께 여행을 떠난다.

이것이 이누야샤 시리즈의 첫 번째 이야기이고, 링과 셋

링 저고리 스케치

쇼마루가 결혼하여 둘이 낳은 아이들의 이야기가 두 번째 이야기의 배경이다.

　나는 이누야샤를 애니메이션으로 쭉 보지는 않았다. 워낙 인기를 끌었던 작품인지라 주인공 캐릭터의 모습과 대강의 줄거리를 아는 정도일 뿐이었다. 그러던 어느 날, SNS에서 누군가 정리해 둔 링과 셋쇼마루의 만남과 링이 부활할 때까지의 내용을 보게 되었다. 어려운 환경 속에서도 자신의 선한 마음으로 얼음성과 같은 셋쇼마루의 마음을 연 링의 그 생각과 감정, 행동에 감동하여 링의 모습을 나의 재주로 담고 싶었다.

링은 주황과 노랑이 패치워크 된 기모노를 입고 등장한다. 일본 배경의 만화이기에 기모노가 많이 등장하는데 한국인으로서 캐릭터에게 감동한 나의 마음을 내가 가진 재주로 표현해보고 싶어서 한복 저고리를 만들기로 했다.

재료는 면 100% 퀼트 천, 공단, 레이스, 실이다.

우선 노란색 천과 주황색 천을 정사각형으로 잘라 체크무늬로 바느질했다. 그런데 메인 원단으로 쓸 체크무늬를 맞추기가 쉽지 않았다. 일부분은 삐뚤빼뚤했는데, 망친 부분은 최대한 눈에 띄지 않는 쪽인 옆구리나 안 섶 등으로 배치해서 실수를 숨겼다.

이렇게 바느질을 마친 네모난 원단 위에 저고리 몸판과 소매를 재단했고, 여름 반소매 저고리이기에 소창천으로 안감을 덧대어 시원하게 입을 수 있도록 했다. 그런데 아무래도 2겹이라 여름에 입기는 살짝 두꺼운 감이 있었다. 옷고름은 초록색 공단을 이용했는데 집에 남는 공단 조각

링 저고리 착용 모습

천이 마침 있어 이것을 사용했다.

링. 영어로 쓰면 Ring인데 동그란 고리라는 의미가 있는 단어와 같은 소리의 이름이라 그런지 링의 의상은 초록색 동그라미가 포인트로 그려져 있다. 이 무늬는 연두색 실을 이용해 손 자수로 새겼다. 코스프레 의상이었다면 날염 물감으로 그리거나 전사지를 붙이는 등의 간편한 방향으로 처리를 했을 텐데, 자주 세탁하고 입는 평상복으로 저고리를 제작하는 것이었기 때문에 조금 더 정성이 들어가고 튼튼할 수 있는 방법을 찾아 자수를 시도했다.

초등학교 때 동아리로 공예반을 든 적이 있다. 손바느질, 혹은 대바늘뜨기 등을 도전하는 반이었는데 한번을 성공하지 못했다. 꽃 자수를 도전하면 꽃이 쥐가 파먹은 것처럼 삐뚤빼뚤해서 쓸 수가 없는 모양으로 완성되어 포기, 목도리 뜨기에 도전하고자 대바늘뜨기를 하면 할수록 코가점점 늘어나서 사다리꼴의 수세미가 되어가는 모습에 포기, 완성해본 적이 없다.

이때부터 시작되었다. 내 인생에 자수는! 특히 손 자수는! 없다고 마음먹었다. 똥손[2]도 이런 똥손이 있을 수가없었다. 목불인견이 이럴 때 쓰는 말일까?

그렇게 "손바느질 No! 손 자수 No!"를 외치고 살던 내가 정말 큰마음 먹고 20여 년 만에 다시 도전한 손바느질의 결과는, 꽤 흡족했다. 어려운 꽃 모양이 아니었고 바느질이 쉬운 체인 스티치를 선택했기 때문이다.

체인 스티치란 사슬 혹은 체인 모양의 바느질 모양을 말한다. 원단에 바늘을 반쯤 꼽아놓은 상태에서 뾰족한 바

---

2) 손재주가 미흡하여 형편없음을 뜻하는 신조어

링 저고리 뒷모습

늘 앞코에 실을 한 바퀴 둘러준 후, 꽂아둔 바늘을 빼 당기면 동그란 체인이 생긴다. 이 작업을 반복하면 되는 일이라 매우 쉬웠다. 역시 나는 단무지[3] 과다. 단순한 것은 잘해!

완성 후에 남은 원단을 보았다. 메인 원단으로 썼던 네모난 조각 천이 차고 넘치게 남아있었다. 아차! 계산을 잘못해서 필요 분량보다 많이 재단했구나! 하루 이틀의 실수

---

3) 단순, 무식, 지랄의 줄임말

가 아니다. 주름치마 만들거나 한복 치마 만들 때도 주름 분량 공식을 자꾸 실수해서 제대로 맞춘 적이 별로 없다. 아, 역시 단무지다. 산수도 못 한다.

아무튼 이렇게 남은 원단으로 짧은 민소매 저고리를 하나 더 만들었다. 위의 저고리와 제작 방식은 같았는데 저고리 길이가 더 짧아서 말기 치마 위에 입거나 원피스 위에 볼레로 대신으로 입을 수 있는 디자인이었다. 순식간에 링 저고리 2가지가 완성되었다.

짧은 스커트에는 반소매 저고리를 코디해 입고, 더운 날이면 원피스에 민소매 링 저고리를 번갈아 입으며 한여름을 보냈다. 민소매 저고리는 몇 년 전에 만든 형광 연두 한복 치마에도 잘 어울려 세트로 맞춰 입고 외출하곤 했다.

기존 캐릭터의 이미지를 한복으로 재해석하여 시도한 첫 번째 일상복, 한복이었는데 마음을 다해 만들었더니 입고 외출하면서도 링의 긍정적이고 선한 그 마음이 느껴져 하루가 행복했다.

석사 논문을 쓸 적에 교수님께서 "일상이 코스프레다."

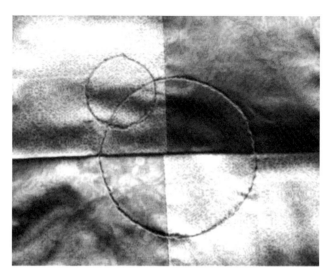

손 자수 부분

라는 말씀을 하신 적이 있다. 내 생각과 표현하고 싶은 그 말을 분장과 의상으로 표현하면 매일 새롭게 태어나는 나요, 그것이 코스프레라는 말씀이었다.

코스프레는 이미지로 말한다. 원작 캐릭터는 단어이며 그 단어에 코스이들 자신의 마음과 뜻, 표현하고 싶어 하는 그 바람을 담아 분장으로 표현한다. 이렇게 표현한 코스어의 모습은 코스어만의 새로운 캐릭터이자 창조물이 된다. 나만의 것을 낳는 것은 꼭 특별한 날, 특정한 공간에서만 할 수 있는 것이 아니다. 모든 일상과 매 순간에 할 수 있는 것이다. 즉, 우리는 매일 새로운 나를 창조하여 코스프레 한다. 하루하루가, 일상이 코스프레인 것이다. 이러한 의미를 담아 코스프레와 한복, 생활한복과 일상을 사진과 글로 담는 작업을 시작했다. 나는 코스프레&한복 덕후4)니까!

링 민소매 저고리

---

4) 덕후: 특정 장르 혹은 주제를 좋아하는 팬을 의미한다. 오타쿠라는 일본어에서 한국식으로 변형된 단어로 기존의 음침하고 암울한 이미지의 단어에서 한 주제를 취미 생활로 좋아하면서 거의 전문가 수준에 이른 사람들을 칭하는 단어로 그 이미지가 변했다. 덕 덕자(德)에 두터울 후(厚)자를 써서 덕이 후한 사람이라 쓴다고 칭하는 사람도 있다. 자신이 좋아하는 작품에 관심을 보이는 다른 사람에게 많은 정보와 설명을 베푼다는 의미로 보인다.

3. 〈카드캡터 체리〉 모티브 한복

내가 한복으로 캐릭터 표현해보기를 시도했던 첫 작품은 바로 〈카드캡터 체리〉의 교복이었다. 이때 제작한 한복은 코스프레를 염두에 둔 내용은 아니었다. 단지 한복이 좋았고, 카드캡터 체리가 좋았을 뿐이었다. 내가 좋아하는 것 더하기 좋아하는 것은 더 좋아하는 것이 나올 것 같은 조화의 미를 추종해보고 싶었다.

카드캡터 체리에 등장하는 교복은 앞은 세일러 칼라, 뒤는 제비 꼬리처럼 생긴 것이 특징이다. 이 특징을 살려서 앞은 저고리 모양으로, 뒤는 저고리에 제비 꼬리 칼라를 붙인 실루엣으로 디자인을 했다. 저고리 고름은 체리 교복 리본과 비슷한 모양으로 제작하려고 옷고름 끝 모양을 사선으로 처리하고 빨간 레이스로 포인트를 줬다. 교복에는 소매 한쪽에 학교 마크가 새겨져 있는데 나는 이 부분을 천에 손자수를 새겨 노리개로 만들었다. 제작한 저고리와 미색 치마를 입으니 꽤 그럴싸한 조합이 되었다. 역시 좋아하는 것 더하기 좋아하는 것은 더 좋아하는 창작물이 나옴은 필연이었다!

얼마나 좋았는지 체리 다른 코스튬을 코스프레 할 때

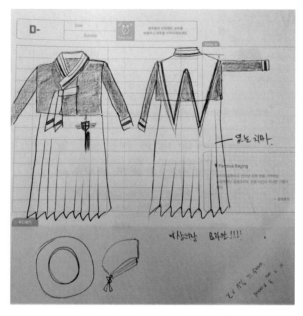

체리 교복 모티브 한복 스케치

사복으로 입고 사진사에게 촬영을 부탁해 사진을 남겼다. 그것에서 멈추지 않고 수양벚꽃이 유명한 현충원에 혼자 꽃구경을 하러 간 날 역시 이 옷을 입고 갔었다. 현충원은 국가를 위해 몸 바친 분들이 잠들어 있는 국립묘지인데 최근 이러한 묘역의 추세는 시민에게 개방하여 공원으로써 그 역할을 하고 있기도 하다. 특히 봄에는 벚꽃 구경을 하러 시민들이 많이 방문하는데 내가 갔던 시기는 현충원 측에서 행사도 병행하고 있어서 행사 부스가 한편에 마련되어 있는 것을 볼 수 있었다. 묘역에서 복합문화의 장소로 바뀌고 있는 모습을 보면서 이러한 방향으로 나아가는 것이 사람들이 현충원에 더 관심을 두고 더 자주 방문할 수 있는 계기를 만들어 인식의 전환이 될 것 같다는 긍정적인 생각을 했다.

이렇게 카드캡터 체리 모티브 한복 제작이 끝나는가 했는데, SNS에서 한 소식을 접했다. 바로 카드캡터 체리 팬들이 모여 '카드캡터 체리 온리전'을 한다는 내용이었다. 온리전! 그것은 일종의 팬덤 문화인데 자신들이 좋아하는 장르 딱 1개만을 가지고 해당 작품의 회지, 굿즈 등을 제작해 한 자리에 모여 판매, 구매하고 여러 이벤트도 진행하는 행사이다. 카드캡터 체리 온리전이라니! 나의 학창 시절 최애[5] 만화영화 온리전이라니! 행사에 참여하고 싶다는 욕심이 생겼다. 그래서 부스를 신청하고 굿즈 제작 계획에 돌입했다.

보통 이런 온리전은 그림을 그려서 스티커, 엽서 등등의 굿즈를 주로 제작한다. 그림을 그려 제작 업체에 맡기면 굿즈를 제작해주고 그렇게 수령한 물품을 판매하는 것이

---

5) 최고로 애정한다는 의미의 신조어

2019년 4월 코로나19 전 현충원에서

다. 불행하게도 나는 그림을 잘 그리지 못한다. 오죽했으면 첫 전공 했을 때 어떤 학기는 딱 한 과목만 B를 받은 적이 있었는데, 그 과목이 바로 일러스트 과목이었다. 미술학원에 다닌 적도 없고 원래 그림에 대한 소질이 좋지 못하기도 했다. 아무튼 이러한 이유로 그림을 그려 굿즈를 제작한다는 것은 불가능했다. 내가 잘하는 것은 무엇이 있을까?

　내가 창작물을 제작하는 가장 익숙한 콘텐츠는 아무래도 천으로 무언가를 봉제해서 만드는 것이었기에 이 방법으로 굿즈를 제작해보기로 했다. 여러 아이디어 중에 판매보다 더 해보고 싶었던 것이 바로 카드캡터 체리에 나오는 의상을 한복으로 제작해서 부스에 전시하는 것이었다. 판매되면 물론 좋겠지만 좋아하는 애니메이션 속 의상을 더 좋아하는 한복으로 재해석해 본다는 것 자체가 나에게는 큰 즐거움이 될 것 같았다. 체리의 사복 의상을 한복으로 만들어볼까, 아니면 시그니처 의상을 한복으로 제작할까 고민을 했다. 이 고민은 혼자 결단을 내리기에는 행사 참가자들의 니즈를 반영해야겠다는 생각이 들어서 온라인 커뮤니티를 통해 민심을 확인했는데 아무래도 시그니처 의상에 대한 의견이 더 많았다. 시그니처 의상을 중심으로 한복 디자인에 들어갔다.

체리 동복 모티브 한복_저고리, 치마

디자인했던 의상은 체리 1기 오프닝 의상, 2기 오프닝 의상, 3기 오프닝 의상, 동복, 하복 총 5가지였다. 원래는 코트까지 해서 6벌이었는데 코트는 바느질 단계에서 크게 망하는 바람에 최종으로는 5벌이 확정이었다. 1기 오프닝 의상은 저고리와 치마로, 2기 오프닝 의상은 조끼 형태의 한복으로, 3기 오프닝 의상은 철릭 원피스와 허리 치마로 제작했고 동복과 하복은 저고리와 허리 치마로 만들었다.

보통 집에서 내가 입을 코스프레 의상이나 한복을 만들 때는 집에 있는 원단을 꾸역꾸역 조합해서 제작하는데 체리 한복은 행사에 참여하는 것이고 색상이 중요하다는 판단이 들어서 자주 애용하는 온라인 원단 가게를 이용해 천을 구매했다. 어느 디자인에 어떤 천을 쓸까, 계절감에 따른 원단 선택 등이 생각보다 꽤 어려운 내용이었다. 첫 전공은 패션디자인이었으나 해당 업종으로 취업을 하지는 않았던지라 단기간, 다량의 원단 찾기와 선택은 해보지 않았기 때문이다. 평소에 경험해볼 수 없던 내용이라 매우 즐거웠다. 온리전에 참여하길 참 잘했다 싶었다.

근 일주일가량 원단을 고르고 원단 분량을 계산하는 등 주문서 제작과 엑셀 파일 정리에 몰두했다. 이렇게 원단을 주문하고, 패턴을 뜨고, 재단부터 봉제까지 하나하나 일일

체리 하복 모티브 한복_저고리, 치마

이 내 손으로 제작해서 5벌을 완성했다. 교복 마크와 몇 가지 부자재를 중국에 주문했는데 하필이면 이때 코로나19가 발발했고 더 하필이면 중국 자수 공장이 우환에 몰려있어서 눈물을 머금고 주문을 취소했다. 부자재 중에서 빼도 디자인에 크게 이상이 없을 것 같은 디테일은 전부 제외하고 남는 것이 바로 체리의 교복 마크 자수였다.

나에게 필요한 자수는 딱 2개, 그런데 기계 자수로 맡기면 최소 수량이 있어서 굳이 많은 분량을 맡길 필요가 없었고, 시중에 판매하는 자수를 구매해서 쓰자니 색상이 나의 취향이 아니었다. "그래, 2개인데 그까짓 거 손으로 수를 놓자!"고 생각했으나, 손자수! 이 녀석은 쉬운 것이 아니었다.

앞서 밝힌 바와 같이 자수에서 나는 똥손이었다. 처음 시도한 자수는 망쳐서 중단했고 2번, 3번은 조금 어설프지만 그나마 모양을 내서 학교 마크인 것처럼 보이게 성공을 했다. 하면 된다는 그런 느낌? 더 하라고 하면 못 할 것 같은 느낌!

한복 제작은 우여곡절을 거쳐 행사 직전에 부랴부랴 마무리되었다. 만든 굿즈들과 마네킹을 들고 행사장을 찾았

체리 하복 모티브 한복 뒷모습

다. 설레는 마음으로 굿즈들을 디스플레이하고 방문객을 기다렸다. 판매보다 나의 작품을 봐주고 구경해주는 사람들에게 아주 고마웠다. 말을 걸거나 하면 구경하다가 도망갈 것 같아서 겉으로는 가만히 앉아있었지만, 의상을 살펴봐 주거나 관심 가져주는 사람들을 만날 때 속으로 내적 댄스를 추고 있었다. 두둠칫 두둠칫!

한복 5벌 중 4벌은 각자 주인을 찾아 흩어졌다. 그중한 디자인은 따로 요청이 들어와서 한 벌을 더 제작하게되었는데, 자수가 필요한 디자인이기 때문에 이 건에 대해서는 주문자에게 양해를 구하고 시중에 판매하는 자수를 이용했다. 똥손에게 더 이상의 자수는 무리라는 판단이었고 의상 완성도를 높이고 제작 시간을 줄이기 위해서는 기계 자수의 힘을 빌리는 것이 현명하다는 판단이었다.

의상 한 벌을 혼자 만들면 디자인부터 시작해서 봉제까지 혼자 모든 과정을 감내해야 한다. 이러한 상황에서 손자수는 나의 노동시간을 늘리는 요소가 되었고 이 시간을 단축해 준 것이 바로 기계로 대량생산된 자수였다.

며칠 전 어떤 분이 나의 한복과 코스프레에 대한 글을 읽고, 나중에 커미션6)을 받는다면 꼭 신청하고 싶다는 말

체리 1기 오프닝 모티브 한복

---

6) 일정 금액을 받고 주문자의 요구대로 무언가를 제작하여 판매하
   는 개인 간의 온라인 상거래 행위를 뜻한다. 보통 SNS에서는 그
   림, 액세서리 등을 커미션으로 하는 것을 관찰할 수 있다. 수주
   와 비슷한 의미라고 생각해도 무방할 것으로 보인다.

을 SNS에 남겼다. 혹시라도 열게 되면 공지를 하겠다고는 했으나 나에게는 큰 고민이 생겼다. 바로 제작과 노동력에 대한 고심이었다.

예를 들어 저고리를 한 벌 만든다고 해보자. 지금까지 경험으로 보았을 때 저고리 제작에 필요한 나의 노동시간 은 다음과 같다.

1. 패턴 제작: 2시간
2. 마름질: 1시간
3. 봉제: 4시간
. 합계: 7시간

위에 책정된 시간은 순수하게 저고리 제작에 필요한 시 간으로 재료를 찾고 구매하는 시간은 제외되어있다. 총 카 운트 된 시간은 7시간인데, 시간당 최저 임금을 1만 원으 로 책정했을 때 저고리 한 벌을 제작하는데 필요한 나의 최저임금은 7만 원이 된다. 여기에 디자인 비용, 원재료비 를 더하고, 원단 찾기와 구매까지에 들어가는 시간과 운송 비 등을 더하면 의상 제작에 드는 최소비용은 더 늘어날 것이다.

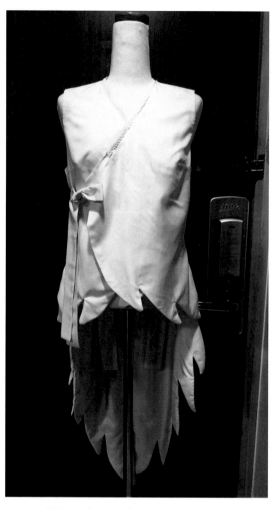

체리 2기 오프닝 모티브 한복_배자

그러나 위의 최저임금을 모두 받을 수는 없다. 시장에서 통용되는 각 의상에 대한 가격의 선이 암묵적으로 책정되어 있기 때문이 첫 번째 이유이며, 두 번째 이유는 소비자에게 적정한 선의 금액을 받아야 하는 것이 도덕감정, 애덤 스미스의 보이지 않는 손의 원리이기 때문이다.

한 사람이 옷을 한 벌 만드는데 드는 최소한의 노동력을 우리는 위에서 살펴보았다. 그럼에도 불구하고 우리는 값싼 옷이 시장에 유통되는 모습을 너무도 쉽게 관찰할 수 있다. 그 말인즉슨, 시장에서는 누군가의 노동력을 값싸게 취급하고 있다는 결론을 얻을 수 있다. 마르크스의 「자본론」이라는 책을 읽으며 이 생각이 조금 더 선명해졌다.

근대 산업혁명을 통해서 분업화가 활발해진 것은 누구나 아는 사실이다. 유명 자동차 회사에서 15년 넘게 자동차 왼쪽 앞문만 달았던 분이 있노라는 지인의 말이 그 반증이었다. 의상 제작 공정에서 보면 패턴 제작자 따로, 마름질 따로, 봉제 따로, 다림질 따로이다. 제작 과정이 각각 분업화되어 있다.

이러한 분업화는 전문가 1명만 있으면 상품 1개가 생산될 수 없는 구조이다. 동시에 노동자가 자신의 진정한 노

체리 3기 모티브 한복_철릭, 허리치마

동 가치를 인지하지 못하는 상황에 빠진다고 나는 생각한다. 전체 생산과정에 드는 비용과 자신이 생산한 물품의 최종 가치를 알지 못하기에 자본가가 시장에서 형성한 노동력의 가치가 통상적으로 사용된다. 자본가는 생산비용을 낮춤으로써 순수익을 높일 수 있기에 노동자의 임금을 줄일수록 이익이다.

이 문제는 비단 자본가와 노동자에게 국한되는 일은 아니다. 커미션 요청자와 커미션 주체자에게도 동일하게 적용될 논리이다. 결국 양자 사이에서 적절한 선의 가격을 결정해야 모두가 좋은 세상이 될 수 있다.

체리 온리전에 출품했던 한복은 디자인 요소가 꽤 들어간 한복이라 기본 한복보다 공정이 많이 들어갔다. 공정의 증가는 노동시간의 증가를 의미하는데 그렇다고 나의 노동시간만큼을 의상 값에 포함하는 것은 구매자에게 너무 큰 부담을 지우는 것이었다. 덧붙여 나는 전문 봉제사가 아니기에 그만큼의 깔끔한 제작도 자신이 없었다. 이러한 이유로 적정한 가격을 찾아야 했기에 재료비에 의상의 난이도에 따라 2~4만 원 정도를 더한 값을 최종 판매가로 잡았다. 10만 원 미만의 선이었다.

2022년 4월 현충원에서 1

내 작품을 판매해서 부자가 되거나 돈을 벌겠다는 목적으로 온리전을 참여한 것이 아니었다. 좋아하는 작품을 여러 사람과 함께 즐기는 행사이기에 참여자들이 부담스러워하지 않을 가격을 선택했다. 그러나 기쁨과 함께 제작의 고통이 있었기에 의상으로 행사에 참여하는 것은 지양하기로 마음을 먹었다.

나의 카드캡터 체리 모티브 한복을 구입한 분에게는 정말 감사한 마음이 크다. 정성을 들여 만든 한복을 보고 기뻐해 주는 모습이 나에게는 큰 힘이 되었다. 주인을 찾지 못한 한복, 2기 한복 조끼는 지금껏 내가 품고 있는데 벚꽃 피는 봄이 오면 치마를 제작해서 따로 한복 촬영을 하러 가려고 계획 중이다. 아마 촬영을 하라는 의미에서 그 한복이 나를 떠나지 않도록 한 신의 계시가 아닐까 싶다. 창작의 신!

4. 영화 〈레옹〉 '마틸다' 모티브 항공 점퍼 저고리

그리움과 아련함이 묻어나는 어쿠스틱 기타의 선율이 생각나는 영화 〈레옹〉. 그렇다. 영화 내용보다 기타 사운드가 더 친숙한 영화, 사운드보다 '마틸다'의 패션이 더 눈에 들어온 영화가 나에게는 레옹이었다.

레옹에 등장하는 소녀 마틸다는 잔인한 세상에 살아남기 위해 레옹에게 킬러 수업을 듣는다. 시그니처와도 같은 태양 목걸이와 항공 점퍼, 짧은 반바지에 똑 단발은 아이유의 노래 '레옹'에도 등장하는 그녀의 상징이다. 마틸다의 항공 점퍼라...... 항공 점퍼 아이템 자체가 만인에게 사랑받는 애장품이 아닌가? 학교 과 잠바, 스타디움 재킷도 항공 점퍼 라인과 유사하고 말이다. 항공 점퍼를 한복으로 제작해보면 어떨까? 하는 아이디어와 함께 항공 점퍼 저고리 디자인에 들어갔다.

한복이니 평면 패턴을 쓸 예정이었고 소매도 일자 소매로 할 예정이라, 소매산을 0으로 제작했다. 소매산이 높으면 옷이 각이 지고 태가 나는 대신 착용감이 불편하고 (재

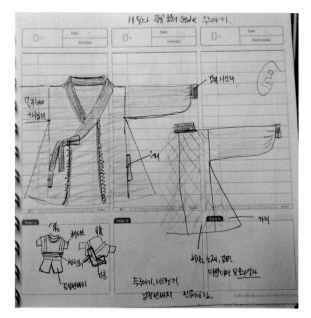

마틸다 항공 점퍼 저고리 스케치

킷 등) 소매산이 낮으면 태는 덜 나지만 착용감이 편한 (티셔츠 등) 장점이 있다. 한복은 평면 패턴 방식이라 소매 산이 0이기에 편안함의 극치라고도 할 수 있겠다.

　마틸다 한복의 여밈은 항공 점퍼 모티브이기에 옷고름 을 생략하고 대신 옷섶에 지퍼를 달았다. 항공 점퍼는 칼 라와 소매 끝을 쭈리원단, 시보리 혹은 니팅 원단으로 사용하기에 내 한복에는 옷깃 부분을 항공 점퍼 칼라 스타일로 제작하고 소매 끝동을 쭈리원단을 사용했다.

원단 선택에 있어서 집에 있는 카키색 원단은 레이스 원단으로 골랐다. 영화 속 마틸다의 소녀다움과 잘 어울리는 원단이라 생각했다. 레이스 원단은 비치니까 베이스 원단으로 갈색빛 도는 면 원단을 선택했다.

집에 있던 원단에 문제가 있었다. 원단 잔여량이 저고리 전체를 재단할 수 있는 분량이 아니었던 것이다. 보유하고 있는 양 안에서 옷을 만들 때의 애로 사항이다. 적당한 원단을 구매하면 이런 고민이 필요 없지만, In put이 있으려면 Out put이 있어야 한다. 원단을 보관하는 집이라는 공간은 무한하지 않기 때문이다.

모자란 원단에 대해 어떻게 방향을 전환할지 고민을 하다가 앞판 몸판, 앞섶까지만 레이스 원단을 사용하고 뒤판과 안섶, 소매는 베이스 원단 그대로를 사용했다. 베이스 원단을 보고 엄마가 밉다고 해서 기분이 상했지만, 완성된 모습은 내가 예측한 모습보다 더 예뻤다!(오 예!)

저고리에 안감 처리를 할까 말까 고민을 했는데, 가벼운

마틸다 모티브 항공 점퍼 저고리

저고리로 만들어 간절기에 입을 목적이 있어 두꺼워지지 않도록 안단처리를 했다. 안단은 분홍색 체크 원단을 사용했다. 마틸다의 소녀 감성을 옷 어딘가에는 표현하고 싶었는데 킬러 수업받는 어둑어둑한 느낌의 영화와 캐릭터 설정상 눈에 보이는 곳에 배치하기에는 상당히 언밸런스할 것 같았다. 그래서 저고리를 여몄을 때는 보이지 않으나 저고리를 풀면 살짝 비칠 수 있는 곳, 안단을 분홍색 원단으로 처리한 것이다.

간절기에 입을 베이직 아이템의 완성이 목표였기에 실

용성을 위해 주머니도 만들었다. 주머니는 몸판에 따로 절개하지 않고 옷 옆단에 무를 댄 부분을 이용해 주머니를 달았다. 이 주머니는 나중에 조교 근무하다가 물건을 옮길 때 가방이 없어 작은 물건은 주머니에 쑤셔 넣고 큰 물건은 들고 이동할 때 아주 유용하게 그 쓰임이 빛을 발했다.

완성한 의상은 저고리처럼 안섶과 겉섶이 겹치도록 만들었고 그래서 목깃도 겹쳤는데 그 모양이 항공 점퍼 모양이라 꽤 특이했다. 원단 자체가 가볍고 얇아서 사복으로 입기에도 안성맞춤이었다.

사복으로 제작은 했지만 모티브가 마틸다이니 마틸다 느낌을 살려 야외촬영을 해보았다. 촬영일에 여러 의상을 몰아 찍느라 소품으로 사 둔 마틸다 목걸이를 빼고 가는 참사가 발생했다. (아뿔싸!) 담고자 했던 것은 저고리이니 목걸이는 아쉬운 대로 접어두고 신나게 촬영을 즐겼다.

코로나19인 상황, 주말에 학교는 사람이 적었고 학교 곳곳은 촬영지로 쓸만한 배경이 꽤 많았다. 은행나무 아래에서, 폐버스 앞에서, 에어컨 실외기 울타리 앞에서 등등 교정 구석구석을 누비며 촬영을 이어갔다.

2021년 11월 교정에서 1

2021년 11월 교정에서 2

　사람은 누구나 나이가 차면 어른이 된다. 육체는 자라서 어른이 되지만 마음은 자라지 않아 어린이로 남는 사람이 있다. 마틸다는 육체는 어린이지만 경험과 상처에 의해 누군가를 죽여서야만 자신을 지킬 수 있을 것이라는 일그러진 교훈을 얻은 이후 잔인한 세상을 살아가야 할 운명을 짊어지며 어른의 정신을 가지게 되었다. 타인에 의해 강탈당한 소녀의 마음은 누가 되돌려 줄 것인가? 그 아픈 소녀의 마음을 달래준 것이 아이러니하게도 킬러를 직업으로 삼는 레옹이라는 것, 몸은 어른이나 레옹의 정신은 여리고 순수한 어린이의 마음이 존재한다.

　어른아이 레옹과 아이어른 마틸다의 짧지만 강렬한 동

행을 추억하며 우리 모두의 마틸다와 레옹을 응원하며 글
을 마친다.

5. 빙그레 '김대리' 두루마기

제과 회사 빙그레에서는 빙그레 오리지널 캐릭터를 디자인하여 SNS에서 선풍적인 인기를 끌었다[7]. 이 캐릭터의 첫 등장은 빙그레 공식 인스타그램이었는데 마케팅 담당자가 아무 멘트 없이 캐릭터 일러스트만 올려 일부 네티즌 사이에서는 계정이 해킹된 것 아닌지 우려가 있었다. 글 없는 일러스트만으로 빙그레의 캐릭터 마케팅은 대성공을 거두었고 이 인기는 제품 판매량에 직접적인 영향력을 끼쳤다. 오리지널 캐릭터를 디자인하여 마케팅하는 것이 기업 사이에서 유행이었는데 이러한 마케팅은 소비자의 마음을 금방 사로잡았고 그 소비자 중의 한 명이 바로 나였다.

한창 빙그레의 캐릭터에 빠져있던 때, 빙그레 아이스크림 SNS에서 '김대리'라는 캐릭터가 등장했다. 빙그레 마크가 칼라로 달린 검은색 재킷을 입은 김대리. 두루마기로 만들면 자주 입고 다닐 수 있겠다는 생각이 들었다.

두루마기로 만들 때 빙그레 마크는 한쪽 섶에만 달았다. 포인트가 한 쪽에만 있는 것이 더 차분해 보일 것이라는

---

7) 위키트리, "담당자 인센 주세요" '빙그레' 인스타그램
   뒤집어졌다(ft.빙그레우스),
   https://www.wikitree.co.kr/articles/546190

김대리 모티브 두루마기 스케치

판단에서였다. 사복으로 입을 예정이므로 큼직한 주머니도 만들었다. 보드랍고 따뜻한 두루마기는 겨울 애용 아이템이 되었고 첫 책 소개에 쓴 프로필 사진 찍을 때도 착용했다.

열심히 만들었으니 사진을 남기면 좋을 것 같다는 생각에 모 공모전에 참여하고자 만들었던 가체로 야간 촬영을 할 때 이 두루마기를 착용하기로 했다.

다가오는 해가 호랑이 해여서 가체에 삽입될 영상을 호랑이 사진으로 제작했고 검은 호랑이의 해여서 검은색 김대리 두루마기로 색상을 맞춰보았다.

비록 장소에 일몰시간보다 일찍 도착하고 주위에 카페 같은 곳이 없어서 추위에 덜덜 떨었지만 야간 촬영 장소의 조명과 조형물 덕분에 꽤 맘에 드는 사진을 남길 수 있었다.

조명 가체는 어떤 공모전에 참가하고자 제작을 했다. 비록 결과는 좋지 않았지만 내 손으로 정성 들여 제작한 가체의 아름다움을 십분 발휘할 수 있는 장소와 만날 수 있어 좋은 기회였다고 생각한다.

'코로나19와 함께 한복, 코스프레' 프로젝트 기간에 꽤 여러 공모전에 참가했다. 그 동안 당선보다 고배를 마신 기억이 더 많다. 탈락에 의한 실망의 이유는 내가 노력한 것에 대해 인정받지 못했다는 슬픔과 타인과의 경쟁에서 실패했다는 패배감이 원인인 것 같다. 함께 행복하게 살아 가기도 바쁜 시간이고 귀한 시간인데 언제까지 경쟁하고 살아야 하는가? 자괴감이 들었다. 실패할 때마다 스스로 실망하는 내 모습을 보면서 다가오는 새해부터는 나만의

2021년 12월 공모전 참가사진

작품으로 내실을 다질 수 있는 방향으로 활동을 해야겠다고 다짐했다.

　김대리 모티브 두루마기 촬영은 공모전에 대한 생각과 앞으로의 방향성을 성찰할 수 있는 계기가 되었다. 코스프레와 사복의 경계선을 허무는 적절한 예시가 된 작품 같아서 더 애착이 간다. 앞으로도 무궁무진하게 남은 한복 제작과 촬영을 이어가야겠다.

6. 당의 입고 '짱구' 가족과 캠핑가기

인터넷에서 '짱구' 전시회 소식을 들었다. 일명 '짱구 페스티벌: 짱구야 캠핑가자!'.

1여 년 전 관람했던 〈스펀지밥〉 전시회와 마찬가지로 전시장 전체가 포토존으로 이뤄진 것을 온라인으로 확인하는 순간, 촬영을 위해 방문해야겠다고 마음을 먹었다.

나는 짱구 하면 트레이드 마크와도 같은 빨간색 티셔츠에 노란색 바지가 떠오른다. 그래서 이 색상을 살려 어떤 식으로 나만의 짱구를 한복으로 표현해보면 좋을지 고민했다. 빨간색 당의와 노란색 허리 치마로 만들면 말괄량이 짱구 같은 느낌의 한복이 완성될 것 같다는 생각이 들어 이렇게 만들기로 하고 작업에 돌입했다.

작업이 더 수월할 것으로 예상되는 치마를 먼저 만들었는데, 귀여운 짱구, 특히 엉덩이 댄스가 유명한 짱구를 표현하기에는 벌룬스커트로 라인을 살리는 것이 좋을 것 같았다. 벌룬스커트는 겉감은 넉넉히 재단하고 하단에 주름을 잡고, 안감은 일반 스커트 정도의 폭으로 만들어 겉감이 볼록해 보이도록 제작하는 방식이다. 허리는 잘록! 치

짱구 당의 스케치

마 하단은 볼록해서 풍선 같다고 벌룬스커트라고 부른다.

벌룬형식의 스커트 제작 방법은 이론으로 알고 있었으나 실물은 처음 제작하는 것이었다. 한복 치마이기 때문에 안감을 한복 치마폭이 나올 정도로 줬어야 하는데 일반 벌룬스커트 제작법대로 A라인 스커트 모양으로 안감을 만들었더니 허리 치마폭이 좁은 대참사가 일어났다. 허리 치마가 아니라 행주치마가 되어버렸다. 처음이니까 그럴 수 있다. 다음에 만들 때는 꼭 뒤판 안감 폭을 더 많이 주도록 하자!

당의는 한복 배웠던 과거에 전통 방식으로 한 번 만들어 본 일이 있다. 전통 방식의 당의는 허리선에서 당의 곡선까지 중간 부분을 오목하게 오려준다. 이렇게 오리면 섶이 옆구리에서 겹치지 않고 당의의 코를 가지런하게 입을 수 있는 특징이 있다. 앞에서 보았을 때 허리가 비교적 날씬해 보이기도 한다.

나는 이 부분을 보고 치마 부분이 공기에 노출되어 겨울에 춥겠다는 결론을 얻었다. 겨울옷의 필수조건은 보온성이므로 섶을 잘록하게 오리지 않고 옆구리에서 약간 사선으로 내려 그려 앞뒤 당의가 옆구리에서 겹치도록 제작했다. 사진상에는 옆구리가 맞물려 있음을 알 수 있는데 옷이 공기층을 머금고 있어서 보온성이 좋았다. 모양보다는 실용성이 더 강한 옷을 좋아하는 개인적인 취향에 부합하는 만족하는 옷이 완성되었다!

전시를 보며 사진 촬영을 하려면 최대한 짐을 줄여야 했다. 삼각대를 계속 들고 다니며 전시를 봐야 했기에 입

전설의 노천탕 앞에서

장에서 받는 리플릿도 짐이 될 것이 우려되었다. 어떻게 짐을 줄일 수 있을까? 수납할 수 있는 공간을 옷에 만드는 것이 좋겠다는 생각에서 당의 안섶에 큼직한 주머니를 만들기로 했다. 겉에서 보면 티가 나지 않아 아무도 모르는 '은밀하게 위대하게 비밀 주머니'를 안섶 안감 쪽에 만들어 리플릿, 입장용 손목띠, 블루투스 리모컨 등을 수납하고 사진을 찍으며 돌아다녔다. 비밀 주머니는 편리성에서 그야말로 신의 한 수였다! 앞으로 어떤 한복을 제작하든 비밀 주머니 하나쯤은 만들어줘야겠다고 다짐하는 순간이었다. 이제부터 주머니와 한복은 하나다!

짱구는 워낙 인기가 많은 작품이라 인터넷에 여러 후기가 있었다. 이 덕분에 전시장 방문 전에 노천탕 포토존이 있다는 정보를 알 수 있었다. 노천탕이라! 노천탕에 어울리는 소품은 뭐가 있을까? 미니 타월! 미니 타월을 준비해 가자! 미니 타월을 준비해가면 비슷한 분위기로 사진을 찍을 수 있을 것 같았다.

나는 평소에도 외출 시에 꼭 손수건을 가지고 다닌다. 페이퍼 타월이 비치되지 않은 화장실이 종종 있기 때문이다. 핸드 드라이어는 소음이 큰 관계로 이용하지 않는다. 미니 타월은 자주 쓰는 만큼 준비해가기 쉬웠다. 안섶 주

짱구 가족과 함께하는 캠프파이어

머니에 미니 타월을 넣고 전시를 보다가 노천탕 포토존에서 주섬주섬 꺼내어 머리에 올리고 세팅을 마친 후에 이리저리 각도를 달리하며 사진을 찍었다. 전시물 안으로 들어갈 수는 없었지만, 밖에서 찍어도 타월 하나에 꽤 조화로운 모습의 사진을 얻을 수 있었다.

당의 옷감은 울 혼방의 코트 감이 소재였다. 두께가 있는 편이었는데 편안함과 따뜻한 보온성을 다 가지고 있었다. 그리고 어깨가 편한 소매산 0의 한복인 것, 허리를 조르지 않는 넉넉한 품 덕분에 전시회 한쪽에 준비된 게임을 즐겁게 체험할 수 있었다.

캠핑 주제에 걸맞은 푸드트럭과 음식점 콘셉트 전시물도 꽤 많았는데 식욕을 자극하는 먹음직한 가게 모습에 점점 배가 고파오기 시작했다. 전시장 옆에 짱구 콘셉트 카페가 인기 있는 이유가 있는 것 같다. 카페는 다음 기회에 이용해보기로 하자!

캠프장의 백미는 전시장 맨 끝에 위치한 캠프파이어 포토존이었다. 별빛 가득한 캠프장에 커다란 모닥불 앞에서 짱구 가족들이 단란한 시간을 보내는 모습이 한눈에 들어왔다. 내 마음도 따뜻해지는 분위기의 캠프장에 넋이 나갔

차장님과 함께한 짱구 오형제 사진

다. 백미답게 캠프장은 사진 찍는 사람이 좀 많았다. 나는 순서를 기다리며 포토존 옆에서 사진을 몇 컷 찍었다. 별빛 가득한 숲속은 서울에서 볼 수 없는 풍경이다. 실제로 볼 수 없는 풍경을 인공으로나마 누려보았다.

캠프파이어 주위에는 삼양라면과 짱구 과자가 장식되어 있었는데 어릴 때부터 먹고 보고 자란 제품 덕분에 더욱 정감이 가는 포토존이었다. 짱구 과자는 전시장 밖 포토존에 자이언트 사이즈로 구비가 되어있어 추억을 하나 더 담아올 수 있었다.

전시회를 본 당시는 코로나19 방역 수칙에 의해 백신 접종 여부를 QR 코드로 인증해야만 했다. 나는 일반요금제를 쓰는 사람인데 전시장 입구에서는 와이파이가 잡히지 않았다. 따로 방법이 없어서 티켓을 환불하고 집에 돌아올까를 심각하게 고민했다. 그런데 전시장 가는 아침 10시까지 사진을 찍겠다고 옷을 만들었는데 그냥 되돌아가기는 내 정성이 억울했다.

어디 와이파이가 잡히는 곳이 없는지 주위를 두리번거리던 그때! 쇼핑몰 쪽 입구에 다가가니 아이파크몰 프리 와이파이가 약한 신호지만 연결되었다! QR 코드 띄우기도 성공하여 전시장 앞으로 달려갔는데 15초가 초과하여 인증에 실패했다. 두 번째로 시도하고 다시 전시장으로 뛰어가는 순간! 티켓팅을 담당하는 차장 코스튬의 직원께서 QR 코드 인증용 태블릿 PC를 떼어와 나의 QR 코드를 바로 인증해주셨다. 진심으로 감사했다. 덕분에 전시를 포기하지 않고 보고 올 수 있었다. 어떤 일을 하든 예상치 못한 상황이 생겼을 때 자신에게 주어진 일에 최선을 다하는 사람이 가장 멋져 보인다. 전시를 다 본 후에 차장님께 함께 사진을 찍어줄 것을 청하여 독수리 5형제 사진을 남길 수 있었다. 이날의 베스트 컷이었다.

작전 회의중!

사진찍기 가능한 전시인 만큼, 삼각대는 다른 관람객에게 방해가 되지 않는 선에서 사용이 가능했다. 눈치 보지 않고 스스로 속도에 맞춰 차분하고 즐겁게 전시를 관람할 수 있었다. 〈스펀지밥〉 전시회 때 삼각대를 지참하지 않았던 것이 못내 아쉬웠는데 그때의 경험을 발판 삼아 준비했더니 아주 흡족한 결과물을 얻을 수 있어 행복했다. 다음 전시는 무엇일까? 포토존 전시회, 또 오고 싶다!

가름2. 한복에 내 마음을
담아 이벤트 도전하기

7. 전화위복의 〈크루엘라〉 모티브 한복

"크루엘라~ 크루엘라~ 드빌~~!"

디즈니에서 제작한 애니메이션 〈101마리의 달마티안〉에 등장하는 악녀 크루엘라. 애니메이션에서는 달마티안 강아지를 사서 모피코트를 만들고자 실행에 옮기는 모습을 보인다. 지독한 모피에 대한 집착. NS윤지의 '마녀가 된 이유'처럼, 크루엘라가 악녀가 된 이유는 무엇일까?

2021년 개봉한 영화 〈크루엘라〉에서는 애니메이션의 크루엘라와는 다른 새로운 캐릭터가 창조된다. 영화 속 크루엘라는 생존을 위해 동료와 함께 도둑질하며 살아간다. 그녀의 꿈인 디자이너를 이뤄주기 위해 동료의 꼼수로 백화점에 취업하는 크루엘라. 비록 정당하지 못한 방법으로 취업을 했지만, 자신의 꿈을 펼칠 수 있는 곳이라는 생각에 백화점에서 도둑질하려는 동료를 말린다. 어린 나이에 고아가 된 그녀에게 선택할 수 있는 직업은 몇 없었지만, 자신의 꿈을 이루려는 기반이 될 곳에서는 올바르지 않은 일은 하면 안 된다는 것을 알고 있는 그녀다.

상황이 그녀를 악독하게 만들었지만, 태생 자체가 나쁘

크루엘라 일러스트가 담긴 저고리와 치마

지는 않은 크루엘라. 어릴 적 학교에서도 '눈에는 눈'에 맞섰을 뿐 남에게 먼저 시비를 걸지는 않았다. 패션에 대한 남다른 감각과 지대한 관심은 그녀의 인생을 바꾸는 키워드가 되었다.

몇 해 전, 인터넷으로 원단을 구매하는 카페에서 새로운 면 프린팅 원단이 들어왔다며 신상품을 소개했다. 많은 패턴 중에 눈에 띈 것이 바로 애니메이션 크루엘라가 프린팅된 보라색 원단이었다. 악녀를 좋아하는 편은 아니지만, 왜인지 모르게 그 원단에 눈이 갔고, 디즈니 악녀 시리즈 원단과 크루엘라 원단을 구매했다. 어떤 옷을 만들지 결정하지 못하여 계속 묵혀두고 있었는데, 영화 개봉 소식을 듣고는 생각했다. '크루엘라 한복을 만들자!'

원단의 색상과 양을 생각하여 크루엘라 원단을 저고리로, 디즈니 악녀 시리즈 원단을 치마로 제작했다. 영화 크루엘라의 퍼스널 컬러는 흑(黑), 백(白), 적(赤) 세 가지. 보라색이 메인인 원단에 3가지 색상이 혼합되어 있으니 배색은 퍼스널 컬러에서 골라야 했다. 끝동은 백으로, 옷고름은 적으로 디자인했다.

치마의 경우는 일반 말기형이 아니라 드레스 형식으로

드레스형 치마와 크루엘라 가체

입체 패턴을 응용하여 제작했다. 저고리 없이 드레스처럼 연출할 수 있는 모습을 원했기 때문이다. 한 가지 아이템으로 여러 가지를 표현할 수 있다면 그만큼 금상첨화인 것이 없기에 선택한 방법이다.

의상은 완성했는데, 크루엘라 개봉에 맞추어 영화 배급사에서 크루엘라 챌린지 이벤트를 열었다. 각자 크루엘라를 분장하고 사진을 찍어 이벤트에 참여하면 추첨을 통하여 크루엘라 굿즈 혹은 영화 예매권을 주는 것이었다. 의상은 한복을 제작했으니 분장에 필요한 크루엘라 머리 표현을 고민했다. 깊이 고민할 필요도 없이 크루엘라의 흑백 반반 머리를 가체로 제작하기로 했다.

가체는 솜과 원단으로 제작했다. 인조 가발사로 하면 너무 무겁고 집에 있는 재료를 최대한 활용하자는 것이 나의 메이킹의 모토이기 때문이다. 일전에 쓰고 남은 흰색 패딩 원단과 얇은 검은색 원단, 티셔츠용 기모 원단을 겹쳐 박아 머리 가닥을 만들고 땋아 가체를 완성했다. 쓰고 벗기 편하도록 머리 뒷부분에 벨크로를 달았다. 한가지 깨달은 사실은 패딩 원단이 훨씬 가볍다는 것이었다. 상이한 원단을 백과 흑으로 사용한 결과, 흑 쪽으로 가체 무게가 집중되는 현상이 발생했다. 촬영장에서 가체를 손으로 잡고 있

검은색 철릭과 함께한 크루엘라

는 횟수가 늘었다. 혹시라도 원단과 솜으로 가체를 제작할 예정인 독자가 있다면 무게중심을 맞추기 위해서 동일한 재질의 원단을 쓰는 것을 추천한다.

이벤트에 참여할 사진은 내 방에서 찍었는데 참여 결과 크루엘라 한정판 굿즈와 영화 예매권을 받을 수 있었다. 그 덕분에 영화관에 가서 엄마와 함께 영화를 볼 수 있었는데 이때 기념 삼아 크루엘라 한복을 입고 다녀왔다. 비오는 오후, 사람 없는 거리 위에 장미가 피어있는 화단 앞에서 한복을 입은 모습을 셀카로 남겨보는 등, 코로나19 이후 오랜만에 해보는 외출의 시간을 보냈다.

그 이후에 여러 한복 아이템을 만들면서 궁에 가서 이 여러 아이템과 함께 크루엘라를 연출하여 사진을 기록하고 싶다는 소원이 생겼다. 쇠뿔은 단김에 빼는 법! 소원이 생기고 일주일이 채 되지 않아 경희궁으로 출사를 나섰다.

경희궁 촬영을 하려던 순간! 문제가 생겼다. 촬영을 위해 궁으로 입궁한 순간! 궁 지킴이에게 삼각대를 쓸 수 없다는 통보를 받은 것이다.

"삼각대는 안 돼요."

경희궁 앞에서

"네? 작은 삼각대도 안되나요? 한 20cm 되는데요."
"고정되는 건 안 돼요."

청천벽력 같은 소리였다. 일전에 한복 커뮤니티에서 경복궁에 방문해 자신의 한복 사진을 삼각대로 촬영한 회원의 후기를 본 터라 경희궁도 삼각대 사용이 될 줄 알았는데 나의 오산이었다.

아쉬움을 가득 담아 인증용 셀카만 한 장 찍고 퇴궐했다. 삼각대를 쓸 수 없으면 전신을 담을 수 없어서 야외 촬영의 의미가 없었다.

그나마 다행인 점은 궁 입구는 삼각대에 대한 제재가 없었던 것이다. 궁 입구와 궁의 담, 숲을 배경으로 사진을 담기 시작했다.

이날 콘셉트는 '크루엘라 가체를 중심으로 만들어둔 옷과 소품을 조합해 한복 입은 크루엘라의 모습을 다양하게 연출해보기(라고 쓰고 '있는 한복 다 때려 넣어보기'로 읽기)!'였다. 크루엘라의 퍼스널컬러에 적합한 몇 한복 아이템을 조화해보기라고나 할까? 크루엘라 촬영을 위해 이번에 추가로 제작한 것은 붉은색과 금박 무늬가 예쁜 천으로 제작한 대대가 전부였다. 야외촬영이니 환복이 쉬운 순으로 촬영 스케줄을 짰다. 촬영 스케줄은 다음과 같았다.

1. 크루엘라 보라색 저고리 + 검정 치마(철릭) + 빨간 대대
2. 철릭 + 대대
3. 디즈니 악녀 패턴 치마(드레스) + 표범 무늬 두루마기
4. 크루엘라 보라색 저고리 + 디즈니 악녀 패턴 치마

껴입고 있던 옷을 탈의하고 저고리만 다시 입는 등의 순서로 준비를 하여 야외에서 환복하며 촬영을 진행했다.

철릭과 대대, 러프 칼라

화장실 오가는 일도 번거롭기에 편의성을 생각해 짠 동선이 아주 적절했던 촬영이었다.

두 번째 촬영 의상에는 핼러윈 소품으로 제작했던 러프 칼라(ruff collar)를 추가했는데 궁에서 촬영하지 못하고 궁 밖에서 머무는 내 모습이 꼭 조선 시대 광대가 임금님 계시는 궁궐에 못 들어가고 쫓겨난 모양새라 순간 머리를 강타하는 강한 정신적 충격(일명: 현타)이 왔다. 준비해간 곰방대까지 꺼내 들고 촬영을 해보니 영락없는 광대, 예인 혹은 기생 느낌이었다.

경희궁은 궁 담도 아름답게 채색이 되어있어 촬영 배경으로 손색이 없었고 바로 옆 산책로에 심어있는 대숲과 거대한 보호수 등 덕분에 가까운 공간에서 다양한 배경으로 촬영을 진행할 수 있었다. 일종의 전화위복이라고나 할까?

크루엘라 원작에서의 크루엘라는 모피를 너무 사랑하여 모피에 미쳐 보이기까지 하는 캐릭터가 설정이기에 집에 만들어둔 표범 무늬 두루마기를 챙겨갔다. 모피를 두른 크루엘라를 담고 싶었다. 치마를 입체 패턴으로 만들어서 탑 드레스처럼 만들기를 잘했다고 생각한 순간이기도 했다. 부피 큰 털 두루마기와 몸에 붙는 치마의 조화가 마음에

크루엘라 치마와 범 무늬 두루마기

들었기 때문이다.

여러 의상으로 짤막짤막하게 촬영하고 촬영을 마친 후, 서울역사박물관에 잠깐 들렀다. 환복하고 짐을 정리하는 등 잠시 쉬어가고자 함이었다.

서울역사박물관 내에는 일월오봉도 포토존이 있다. 몇 해 전에 방문했을 때 본 기억은 있으나 잊고 있던 일월오봉도 포토존이 한눈에 들어왔다. 촬영 포인트! 참새가 방앗간을 그냥 지나쳐 가면 섭섭하기에 포토존 앞에서도 짧게 몇 컷을 카메라에 담았다. 경희궁과 가까운 서울역사박물관의 일월오봉도 포토존과 박물관 입구의 석조물 등은 아주 훌륭한 사진의 포인트가 되어주었다. 박물관과 궁 주변의 산책길은 크루엘라 촬영에 실로 알찬 촬영지였다.

이번 촬영을 계기로 역사적 의미가 있는 장소에서 촬영을 계획해 보는 것도 좋겠다는 생각이 들었다. 기회가 되면 이 주제로 한복 에세이를 기획해봐야겠다.

8. 〈쿠키런 킹덤〉의 '딸기맛쿠키'(부천국제만화축제 니코쩔, SK Telecom We_ing 챌린지)

2021년 '부천국제만화축제'에서 2회를 맞이한 '니.코. 쩔8) 코스프레 이벤트'가 열렸다. 기존에 오프라인 행사였던 코스프레 대회가 코로나19로 인하여 비대면으로 진행하는 행사로 바뀌었는데 그중 하나가 바로 '니.코.쩔'이었다. 2년째 코로나 사태가 지속되고 있었는데 이런 어려운 상황 속에서도 코스어의 열정은 식지 않았고 덕분에 우울한 일상에 활기가 더해지는 이벤트가 발생했다.

니.코.쩔 이벤트는 개그, 코믹, 저가 코스프레가 대회의 포인트였다. "'저가' 하면 나지!"라는 생각이 가장 먼저 들었다. 나의 코스프레 준비 스타일이 최소 비용이기 때문이다. 보통 최소 비용 하면 최대 효과가 따라붙곤 하지만, 뿌린 대로 거둔다고 최소 비용을 들여서 최대 효과를 바라는 것은 욕심일 수 있고, 최소 비용보다는 조금 더 나은 효과 정도가 내가 추구하는 창작 방식이다. 있는 것에서 있는 것을 제작한다. 현실의 나에게 무리를 주지 않는 선에서 코스프레 하는 것이 나만의 코스프레 스타일이다.

---

8) 니(네) 코스프레 쩔어의 줄임말

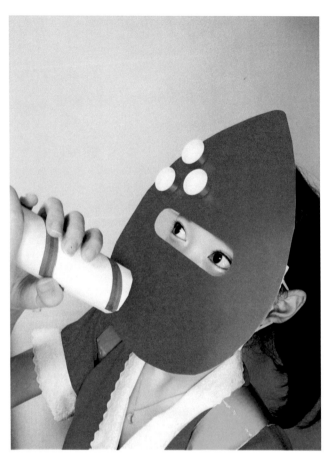

딸기맛쿠키 코스프레 1

이번 이벤트는 기존에 이미 만들어둔 코스프레 의상을 핵심으로 하고 재활용품을 이용해 새롭게 소품을 만들어 참가하기로 결정했다. 어떤 캐릭터를 재활용을 이용해 표현해볼까? 고민했다. 한국 게임이면서 전 세계적으로 인기를 끌고 있는 〈쿠키런〉이 눈에 들어왔다. 이 시기에 〈쿠키런 킹덤〉이 큰 인기를 끌고 있어 귀여운 쿠키 캐릭터의 일러스트가 종종 SNS에서 보였기 때문이다. 초등학교 도서관에서 사서로 일할 당시에, 저학년 학생들이 『쿠키런 학습만화』를 희망 도서로 신청하여 처음 이 작품을 알게 되었는데 이 캐릭터들을 쿠키런 킹덤이라는 게임으로 다시 보니, 그 시절 함께 했던 귀여운 초등학생들이 떠올라 이 게임을 코스프레하기로 했다.

캐릭터 표현에 한복을 이용하여 촬영하고 싶었다. 개인적으로 한복을 만들고 입는 것을 매우 사랑하는 나이기 때문이었다. 이 시기에 제작한 한복 중에 분홍색 원단을 이용해 만든 한복이 있었으니! 바로 애니메이션 〈슬레이어즈〉의 '리나 인버스' 저고리와 바지였다.('리나 인버스' 한복은 따로 다루겠다.) 이 강렬한 꽃분홍색과 어울리는 쿠키런 캐릭터는 바로 '딸기맛쿠키'였다.

딸기맛쿠키는 쿠키런 초기 캐릭터이고 소심하고 겁도

많은 캐릭터였다. 조심스럽고 수줍은 모습이 귀여웠다. 코로나로 인해 마스크를 사용하는 요즘인데 마스크를 가려줄 수 있는 가면으로 이 쿠키를 표현하면 참 좋을 것 같다고 생각했고 바로 재료를 구하여 가면 만들기에 착수했다.

딸기맛쿠키 표현에 사용한 재활용품

재료는 우리 집 재활용품 바구니에서 골랐다. 건강식품 포장용 두꺼운 종이, 휴지심, 건강식품 뚜껑, 채소 포장용 플라스틱 용기, 마스크 고무줄, 일회용 스티로폼 용기, 청테이프를 준비했다.

재활용 종이를 가면 모양으로 오리고 눈구멍을 뚫었다. 스티로폼 용기를 오리고 가면 뒤에 붙여서 착용에 편리할 입체감을 만들고 얼굴에 쓸 수 있도록 마스크 고무줄을 가

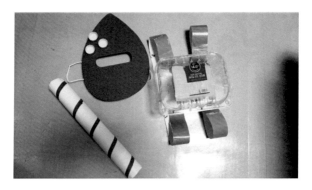

재활용품을 이용한 딸기맛쿠키 코스프레 소품

면에 달아줬다. 딸기맛쿠키는 흰색 딸기 씨 3개를 머리에
달고 있는데 이 씨를 건강식품 뚜껑으로 표현했다.

딸기맛쿠키는 초록색 백팩을 소지하고 다닌다. 그래서
일회용 플라스틱 용기에 청테이프로 끈을 만들어 백팩을
만들었다. 딸기맛쿠키가 빙그레와 협업하여 딸기우유 모델
이 된 적이 있는데, 이때 큰 빨대를 들고 있는 모습이 귀
여워서 빨대도 만들었다. 휴지심 4개를 연결하고 이면지로
포장하여 빨대를 제작했다. 빨간색 줄무늬는 유성 사인펜
으로 채색한 것이다.

이렇게 소품을 완성하고 분홍색 한복을 입고 방안에서
셀프 촬영을 진행하여 이벤트에 참가했고 20위권 안에 들

딸기맛쿠키 코스프레 2

어서 기프티콘을 선물로 받았다.

이 대회가 끝난 직후, SK Telecom에서 친환경 이벤트로 We_ing 챌린지를 진행하는 소식을 SNS로 접했다. 재활용으로 창조한 딸기맛쿠키를 소개하고 싶어서 이 이벤트에도 참가했는데 재활용 코스프레로 참여한 것이 눈에 띄었는지 운이 좋아서 이벤트에 당첨되었다. 이때 받은 메신저 백과 대나무 칫솔은 애용하는 아이템이 되었다.

도전은 내가 무언가 끝까지 해낸 것 자체에 의미가 있으며 그 과정 자체가 소중하다. 딸기맛쿠키 코스프레는 재활용으로 나만의 예술작품과 창조물을 만들 수 있음을 확인하는 좋은 경험이었다. 다음에 기회가 된다면 재활용품의 형태를 다르게 변형할 수 있는 어떤 것을 만들어보고 싶다.

9. '미원' 앨리스 (대상그룹 미원 이벤트)

2021년 '미원' 광고가 발표되었다. 배우 김지석 씨가 모델이었는데 미원을 조연으로 그린 내용이었다. 일기예보의 '인형의 꿈'을 김지석 씨가 직접 불러 BGM으로 삽입했는데 "한걸음 뒤엔 항상 내가 있었는데"라는 노랫말과 광고 콘티가 아주 찰떡궁합이었다.

60년을 조연으로 살아온 미원, 주연을 위해 옆에서 조언하고 설득하지만 "나대지 마~."하는 소리를 듣는 감칠맛의 조연. 1990년대 레트로 느낌과 조연으로서의 아련함이 어우러져 한 편의 영화를 보는 듯한 느낌을 받았다. CF에서 이런 감동을 받다니! 광고에 이렇게 감정이 이입된 경험은 처음이었다.

마침 미원 SNS에서 이벤트를 열어주었다. 미원 스티커로 사진을 꾸며 SNS에 업로드를 하면 추첨하여 스페셜 굿즈를 증정한다는 내용이었다. 어떤 사진을 올리면 좋을까를 생각하다가 미원을 모티브로 제작한 한복을 입고 사진을 찍기로 했다.

시작은 저고리와 치마였는데 활용도 면에서 흰색 철릭

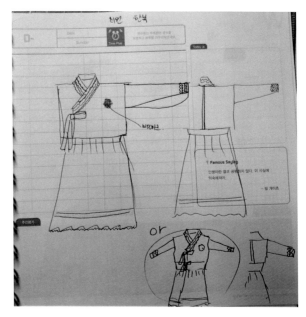

미원 앨리스 스케치

으로 노선을 변경했다. 초기 디자인은 저고리 상단에 미원 마크가 들어가고 치마 하단에 한 줄의 하늘색 선을 넣을 계획이었다. 활용도를 위해 철릭으로 라인을 변경하고 하늘색 포인트를 앞치마로 만들어 앨리스처럼 표현해보면 좋겠다는 생각이 들어 앞치마를 추가로 제작했다. 상의에 들어갈 미원 자수는 미원에서 스티커로 제공하는 것으로 합성하면 될 것 같아서 제작하지 않았다.

앞치마를 만든 하늘색 천은 방수천으로 대나무 우산을 이용해서 파란 비닐우산을 제작하려고 샀던 용도였다. 우산은 진즉 만들었고 남은 천 색상이 미원의 포인트 하늘색 선과 비슷하여 이 원단을 골랐다. 때깔이 같으니 파란 비닐우산도 같이 촬영에 데려가기로 했다. 레트로 느낌이 나는 미원 광고와 1970~1990년대가 생각나는 비닐우산이 꽤 조화롭지 않은가!

앨리스를 생각했던 이유 중에 가장 큰 이유는 학교에서 촬영할 계획이었기 때문이다. 우리 학교에는 큰 고양이상이 하나 있다. 내가 입학했던 때부터 있었는데 도서관 가는 길목에 있어서 매번 오가면서 '언젠가 저 고양이랑 같이 앨리스를 콘셉트로 촬영을 해야지!' 다짐을 하곤 했는데 드디어 그 기회가 온 것이다! 어떻게? 미원과 한복이 어우러진 미원 앨리스로!

한복과 비닐우산 모둠은 학교의 민속관 앞 대문에서 찍었다. 주말이라 민속관이 개관하지 않아 대문 앞을 배경으로 사진을 찍고, 누군가를 기다린다는 느낌을 표현하고 싶었다. 두 번째 장소는 성곡 김성곤 동상 앞에서였다. 국회의원들이 선거 때만 반짝 일하고 선거 이후에는 일하지 않는 모습을 보고 "우리 비닐우산이 되지 맙시다!"를 외쳤다

미원 앨리스 코스프레 1

는 성곡 선생. 그때는 비닐우산이 한번 쓰고 버리는 일회
용의, 싸구려의 라는 의미로 쓰인 모양인데 지금은 비닐우
산이 1990년대를 추억하는 값비싼 골동품이 되었다.
'1970년대 시기에는 싸구려였겠으나 지금은 어떤 이의 추
억이 되었습니다.'라는 마음을 담아 성곡 동상에서 촬영을
마치고 끝으로 대망의 고양이상으로 향했다.

고양이상은 처음 봤던 때보다 많이 풍화되고 침착된 모
습이었지만 귀여운 표정은 여전했다. 고양이에 기대어, 하
늘도 보고, 고양이도 보고하면서 촬영을 마쳤다.

가장 그리움이 잘 담긴 것은 아무래도 민속관 문 앞에
서 찍은 사진이었고 그 사진을 메인으로 SNS에 포스팅했
다. 이벤트 참여 얼마 후, 당첨 소식이 당도했고 미원 스
페셜 굿즈를 받을 수 있었다!

미원 스페셜 굿즈는 스페셜답게 엄청나게 큰 스노볼이
었다. 안에 미원 의인화 캐릭터가 우산을 쓰고 서 있는 초
대형 스노볼이었는데 묵직한 무게만큼이나 그리움이라는
무거운 마음이 나를 짓눌렀다. 무엇이 그리도 그리웠을까?

유독 이번 작업은 1990년대라는 키워드에 스스로 초점

미원 앨리스 코스프레 2

을 맞춰 어린 시절 나의 모습, 내가 살던 동네, 어떤 소품
에 따른 기억 등이 떠올라 아련하고도 씁쓸하고 즐거운 여
러 감정이 휘몰아쳤다. 미원의 스노볼이 또 하나의 즐겁고
도 아련한 기억을 추억할 수 있도록 해주는 매개체가 된
것 같다.

미원 스노볼

그리고 기업에서 물건을 판매하는 것은 단순히 돈을 버
는 것이 아니라 기업과 소비자가 함께 자라나가고 함께 상
생하며 공유할 수 있는 추억을 만들어 가며 상부상조하는
것이 아닌가 하는 생각을 하는 시간이 되었다. 단순한 손
익관계가 아니라, 판매자 대 소비자가 아니라 서로 상부상

조하고 함께 어울려 살아가는 조화의 세계로 기업과 제품을 보게 되면서 새로운 아이디어가 떠올랐다. 바로 장수 제품을 모티브로 한복을 만들어보는 것이다. 이 프로젝트는 현재 쓰는 이 원고가 완성되면 그 이후에 시도해보려는 프로젝트로 기획하고 있다.

새로운 아이디어를 준 그리운 감칠맛의 조연 미원! 을 뒤로 하고 다음 화로 넘어가 보자!

미원 이벤트 스티커   미원 이벤트 참가

10. '농심'과 함께하는 핼러윈 이벤트 _ 한복으로 유령 코스프레하기

코로나 시국에도 불구하고 여전히 핼러윈의 계절은 돌아왔다! 2018년 핼러윈, 모 코스어의 권유로 핼러윈 주말, 이태원을 갔다. 그리고 다짐했다. 내 인생에 이태원 핼러윈은 두 번은 없다고! 길 하나를 두고 올라가는 인파와 내려가는 인파가 뒤섞여 압사할 뻔했다. 압사까진 아니더라도 내장에 큰 충격이 가해진 것은 사실이다. 복잡하고 사람 많은 곳을 싫어하는 나로서는 굳이 핼러윈에 이태원에 다시 갈 이유가 없다.

코로나19에도 핼러윈은 연중행사로 돌아왔고, 올해도 그냥저냥 대충 넘어가려던 그때! 농심에서 핼러윈 캐릭터 이벤트를 진행한다는 소식을 들었다. 농심의 캐릭터 이벤트는 농심에서 제작한 그림을 조합해 자신만의 캐릭터를 완성하고, 그 그림을 SNS에 게시하면 무작위 추첨을 통해 컵라면을 상품으로 주는 이벤트였다. 캐릭터를 만들고 게시로만 끝내기에는 뭔가 허전했다. 내 재주로 어떻게 이벤트에 참여할 수 있을지 고민했다. 미리 만들어둔 캐릭터의 특징을 따와서 한복으로 코스프레 해보기로 했다.

핼러윈 이벤트 의상 스케치

　가장 먼저 검은색 옷이 바탕이 되어야 했다. 집에 있는 시폰으로 철릭을 만들었다. 원단이 하늘하늘한 관계로 부피감을 키워보고자 소매는 두리 소매로 제작했다. 만들어 입고 보니 여러 곳에 응용하기 좋은 아이템이라 내심 만들기 잘했다 싶었다. 갓을 구매해 저승사자도 해볼까? 하는 상상도 해봤다.

검정 철릭과 주황색 대대

핼러윈 하면 주황색 색상이 포인트로 들어가야 할 것
같아서 주황색 천으로 대대(大帶)를 만들어 허리에 두르기
로 했다. 큰 직사각형, 작은 직사각형 4개를 만들어 대대
와 고름으로 만들면 되어서 이 작업은 아주 금방 끝났다.
저고리 만들기도 대대 만들기처럼 간단하면 얼마나 좋을
까?

이렇게 의상을 완성하고 다음은 러프 칼라 제작에 돌입
했다. 러프는 일전에 어떤 코스프레 옷에 장식으로 들어가

러프 칼라

는 부분이 있어서 만들어 본 적이 있었기에 비교적 쉽게 완성할 수 있었다. 깔끔한 마무리랄지 정교한 계산은 뒤로 한 채로 계산하기 쉽게 만들기로 했다. 1센티 간격으로 주름을 잡을 때 주름 폭과 주름 개수를 목둘레에 들어가도록 계산해서 총장을 구했다. 대충 모양은 잡혔고 소품으로 쓸 만한 모양이 나왔다. 메인 원단을 골드 펄이 들어간 망사 원단으로 선택해서 얻은 소득 같았다. 흡족한 완성이었다.

마지막 머리 장식이 필요했다. 농심 캐릭터는 몸통이 컵라면이었는데 나는 이 컵라면 부분을 머리 왕관으로 만들 생각을 하고 있었다. 그런데 왜 때문인지 편의점 한번 가는 것이 그렇게 힘들더라...... 일자는 다가오고 있고 집에 컵라면 비슷하게 쓸만한 것이 없나 부엌을 뒤적이다 발견했다! 신라면 블랙을 말이다! 의상이 검정인데 신라면 블랙이라니 연결이 잘 되는 것 같았다. 라면 봉지를 가지고 머리 리본을 만들기로 했다. 과정은 아주 단순했다. 신라면 블랙 포장지를 네모나게 잡아 주름잡고 가운데를 테이프로 고정한 후에 포장지에서 여분으로 오려둔 직사각형을 테이프 위로 붙여주면 끝이었다.

이렇게 완성한 의상과 소품을 가지고 방에서 촬영하고 사진을 SNS에 업로드했다. 사진은 만족스러웠는데 아쉽게도 농심 이벤트에 당첨되진 못했다. 랜덤 추첨의 결과였다. 사전에 랜덤 추첨이라는 고지가 있었는데 내가 읽지 못하고 이벤트에 참여한 것이었다. 마음속으로 다짐했다. 랜덤 추첨일 경우에는 나도 이벤트 주체자처럼 적당한 노력만 기울이자는 것으로 말이다.

끝은 아쉽지만, 이 작업을 통해 검은색 철릭, 주황색 대대, 러프 칼라를 손에 넣었다. 이 아이템을 응용해 '7. 크루엘라' 촬영에서 더욱 다양한 크루엘라를 표현할 수 있었다. 다른 촬영에도 위의 아이템을 응용하여 무궁무진한 활

핼러윈 이벤트 코스프레

용으로 촬영에 박차를 가해보자!

11. 2021 UN 서울 평화유지 장관회의 공모전 참가작

UN 평화유지 장관회의 공모전9)에 대해 인식하게 된 계기는 이러하다. 정부에서 가수 방탄소년단(BTS)을 제76회 UN 총회의 연사로, 외교 특사로 파견10)한다는 소식을 들었다. 가수로서 세계에 한국의 문화와 예술을 알리고 있는 방탄소년단의 행보에 관심을 가지던 차였다. 유튜브로 UN 공식 페이지를 구독하고 방탄소년단의 연설과 문재인 대통령의 발표를 들었다.

방탄소년단은 코로나로 인해 얼어붙은 젊은 세대를 'New generation'이라 표현했다. 기성세대가 20~30대 세대를 MZ세대라 칭하는 것에 대해 래퍼 이영지는 한 방송11)에서 정작 그 세대에 속하는 우리는 MZ세대란 것에 아무 관심이 없는데 꼭 기성세대들이 우리를 자신들의 틀에 맞추려고 만든 말 같다고 의견을 밝힌 바 있다.

나는 이 점이 상당히 흥미로웠다. 기존의 틀에 종속된

---

9) 2021 서울 유엔 평화유지 장관회의 홈페이지,
   https://unpko2021.kr/KO/announce/notice/197?page=1
10) United Nations, https://youtu.be/jzptPcPLCnA
11) MBC 라디오 스타, https://youtu.be/EB1iSDYTY6Y

근현대사기념관 앞에서

하위문화가 아니라 새로운 문화로 보는 시각이 말이다. 코스프레도 서브컬쳐로 구분되어 애니메이션 등의 하위장르로 구분되곤 하는데, 나는 코스프레도 서브컬쳐가 아닌 신문화, New culture로 불리는 것이 적절하다고 생각한다.

그리고 문재인 대통령의 연설을 통해 '지속 발전 가능 목표'에 대해 알게 되었다. 좀 더 알아보고자 검색을 하던 중에 2021년 12월에 유엔 평화유지 장관회의 공모전 소식을 알게 되었다. 서울에서 개최되는 장관회의를 알릴 수 있는 영상과 사진 등을 공모하는 내용이었다. 나는 나의 재능으로 유엔의 평화유지와 지속발전 가능성 목표를 표현할 수 있는 것이 무엇일까 고민했고 각 국가의 국기를 모티브로 장옷을 만들어 사진을 촬영하여 표현해보기로 했다.

초기 콘티는 공동의장국 12개국과 아프가니스탄의 국기를 모티브로 장옷을 만들고 얼굴을 가리고 한 컷, 얼굴을 보이고 한 컷을 찍어 두 사진을 합쳐 작품을 완성하려고 했다. 2021년 가장 평화가 필요한 국가가 아프가니스탄[12]

---

12) 2021년 아프가니스탄을 탈레반이 점령하면서 미군은 911 테러 사태 이후 20여년 만에 아프가니스탄에서 군인을 철수했으며 아프가니스탄의 여성 인권침해가 심각해져 국제적인 문제로 떠오르고 있다. 한국일보,

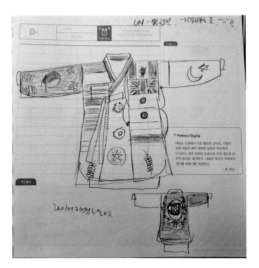

초기 장옷 디자인 스케치

이라 생각했고 여성의 자유를 제약하는 부르카를 우리나라 전통 의상을 이용해 간접적으로 표현해보고 싶었다.

그런데 13벌의 제작이 현실적으로 무리였다. 코로나로 인해 모델과 촬영 두 가지를 혼자 진행해야 했는데 이 방법으로는 26명의 나를 합성해야만 했다. 이상과 현실을 조율하기 위해 계획을 변경하기로 했다.

---

https://www.hankookilbo.com/News/Read/A202112301124
0003041?did=NA

장옷 디자인 스케치

두 번째 디자인은 13개 나라의 국기를 장옷 하나에 다 넣되, 큰 컬러 밸런스로 보면 아프가니스탄의 국기가 되는 의상을 기획했다. 완성된 디자인화를 보니 정신 산만한 디자인이 되어버렸다.

이대로는 안 된다! 맥시멀리즘 같은 두 번째 디자인을 심플하게 바꾸고 싶었다. 마지막으로 선택한 디자인은 아

이준열사묘역 앞에서

프가니스탄 국기의 색을 따온 두루마기와 UN 심볼인 흰색, 하늘색에서 색상을 따온 두루마기를 만들어 쌍둥이처럼 연출하고 사진을 찍기로 했다. 여기서도 디자인 변화는 있었으니 초기에는 옷 앞과 뒤에 유엔 마크를 넣었는데 실제로 제작한 의상에는 마크를 넣지 않았다. 그 이유는 추후 의상의 활용도를 위해서였다. 평상시에도 입을 목적이었으므로 무난한 디자인이 되도록 마크를 생략했다.

흰 바탕에 하늘색으로 포인트를 준 두루마기는 홑겹으로 제작했고 빨강, 초록, 검정의 두루마기는 겨울 코트 원단을 이용해 안감을 넣어 제작했다. 집에 있는 천의 색상을 연결해보니 결정된 사항이었다.

겨울 천은 먼지가 너무 많이 날려서 바느질에 애를 많이 먹었다. 비염이 돋고 말았다. 우여곡절을 거쳐 의상을 완성했고 과정을 영상으로 담았다. 그리고 어디에서 사진을 찍을까 촬영 장소를 고민했다.

이 시기에 김포 장릉의 경관을 해치는 아파트가 건설되어 유네스코 세계문화유산에서 한국의 왕릉이 취소될 위기에 놓였다는 소식[13]을 들었다. UN 평화 회의, 왕릉 이 두

---

13) 매일신문, '세계유산 취소될 판인데......' 法 김포 왕릉뷰 아파트

가지를 표현할 수 있는 장소를 고민하다 어릴 적 가족과 함께 가 본 이준열사묘역을 떠올렸다.

공모전 참가 작품 1

삼각산 자락에 있는 이준열사묘역은 입구에 홍살문이 있는 것이 특징이다. 입구를 지나 황금길을 오르면 '자유와 평화의 상'이 있고 더 위로 올라가면 열사의 묘역이 나온다.

가을 하늘 맑은 평일 오전, 묘역은 조용하고 평화로웠으

공사 허락... 대법원 갈 듯,
https://news.imaeil.com/page/view/20211216174108609 12

며 사람의 발길이 많이 닿지 않았는지 곳곳에 도토리가 흐드러지게 떨어져 있었다.

열사의 민족을 위한 평화 정신을 예술로 승화한 작품 앞에서 조용히 사진을 찍었다. 카메라를 고정해둔 상태에서 두 옷을 번갈아 가며 촬영을 하였고 집에 돌아와 사진을 합성했다.

아침에 갈 때는 날씨가 제법 쌀쌀하여 붉은 두루마기를 입었고, 돌아올 때는 기온이 올라 흰색 두루마기를 입고 왔다.

구두와 함께한 산행을 마치고 지친 발을 잠시 쉬어가도록 4.19 민주 묘지에 들렀다. 민주묘지는 공간 구성이 잘 되어 있는데 공원으로 쓰이는 구역과 묘지 구역이 나뉘어 있어서 지역주민에게는 공원의 역할을 하는 곳이었다. 비어있는 벤치를 찾아 공원을 누비며 자리를 잡고 고된 발을 잠시 쉬었다.

평일 오전이라 공원에 들른 대부분의 사람이 중·노년층이었다. 공원에 들어서면서 시선이 느껴지긴 했으나 따뜻한 시선이어서 편히 있다 올 수 있었다. 한 중년 여성이

곧 참석할 결혼식에 입을 한복으로 생활한복이 입고 싶은데 추천해줄 브랜드가 있는지를 물어서 잠시 한복에 대한 대화를 나눴다.

공모전 참가 작품 2

우리나라 전통복에 대한 사람들의 따뜻한 시선이 나를 응원해주는 것 같아 짧지만, 행복한 시간이었고, 코로나 이후 혼자 가보는 첫 로케이션 촬영이라 뜻깊은 경험이었다.

12. 공모전 참여할 뻔한 '안티푸라민'

한복 아이템 하나만 베이직하게 잘 만들어두면 응용할수 있는 방법은 무한한 것 같다. 왜 이런 말을 하는고 하니! 있는 한복을 조합하여 코스프레 한 캐릭터가 바로 유한양행의 '안티푸라민'이기 때문이다.

안티푸라민, 국민 연고라는 별명도 있고 만병통치약처럼 쓰이는 제품으로 국내에서는 인지도가 높은 의약품이다. 오죽했으면 갑자기 안티푸라민을 코스프레 하겠다며 준비 중이던 내가, 혹시나 하여 엄마에게 "집에 안티푸라민 혹시 있어?"라고 물어보니 "아빠한테 있을걸?" 하고는 1분도 안 되어 찾아주실 정도로 우리 집에는 늘 상비약으로 존재하는 안티푸라민이다.

이 연고는 소염 진통 효과가 있어서 고통을 줄이고 염증을 예방하는 작용을 한다. 세월이 흘러감에 따라 포장 용기의 디자인은 바뀌고 있지만, 심볼인 수간호사 캐릭터는 꾸준히 안티푸라민의 상징으로 변치 않고 있다. 유한양행의 창업주 유일한 박사의 기업이념은 너무나 유명한 이야기인지라 이 기업에 대해 내가 가지고 있는 이미지는 한국인과 함께하는 올바르고 선한 사회적 기업으로 자리매김

안티푸라민 코스프레 1

하고 있다. 비싼 수입 약을 살 돈이 없어 죽어가는 한국인을 살리고자 저렴한 국내산 의약품을 만들고 동일한 의미로 락스 값도 저렴하게 유지한다. (락스 하면 유한락스지!)

그러나 이 코스프레를 준비할 당시 유한양행의 자회사 한 곳에서 리베이트가 적발되었다는 소식[14]을 들었고, 이 기업에 대해 조금 실망하게 되었다. 이 당시 좋은 기업 공모전에 안티푸라민으로 참여하려고 했던 계획을 전면 취소할 수밖에 없었다. 그래도 유한양행 자체가 저지른 잘못은 아니고, 유한양행의 기업. 이념에도 어긋나는 리베이트였기에 회사 차원에서 올바르게 처신하리라고 생각한다.

예전부터 안티푸라민을 코스프레 해볼까? 하는 마음은 있었으나 실행에는 옮기지 않고 있었는데 더 늦다가는 영영 못 하겠다는 생각이 들었다. 직접 의상을 만들어야 하나 고민을 했는데 생각해보니 앞서 만들었던 흰색 두루마기(11. UN 공모전 출품작)와 남색 쾌자(18. 화공 한복)를 조합하면 안티푸라민 이미지에 알맞은 코스튬이 될 것 같았다.

---

14) 이데일리, 유한양행 자회사 엠지, 불법 리베이트로 공정위 '제재',
https://www.edaily.co.kr/news/read?newsId=024272066292
48672&mediaCodeNo=257&OutLnkChk=Y

안티푸라민 코스프레 2

가발은 〈세일러문〉의 등장인물 '세일러 머큐리' 코스프
레를 위해 일전에 나눔 받은 파란색 커트 가발을 쓰기로
하고 간호사 모자는 인터넷에서 제작 방법을 찾아 이면지
를 활용하여 만들었다. 화룡점정이라 했던가? 유성펜으로 '
유한'을 써넣을 때의 짜릿함이란! 글자 실수를 할까 봐 심
장이 쫄깃한 순간이었다.

이렇게 조합하고 완성한 소품으로 집에서 사진을 촬영
했다. 계획했던 코스프레가 아니라 즉흥으로 30여 분 만에
번갯불에 콩 구워 먹듯 준비하고 촬영하였다. 국민 상비약
답게 운이 좋게도 집에 안티푸라민이 있어 손에 들고 소품
삼아 사진을 찍을 수 있었다.

애니메이션이나 영화 캐릭터가 아니라 이런 제품과 관
련된 코스프레를 하니 SNS에서 어떤 오해를 받았다. 안티
푸라민 코스프레 사진을 SNS에 업로드했더니 국내에 체류
중인 어떤 외국인이 나에게 "안티푸라민 도매도 하나요?"라
는 질문을 댓글에 남긴 것이었다. 아마 자국에 한국 제품
을 판매하는 유통업자 같았다. 해당 제품의 회사와는 아무
상관 없는 사람이라고 답을 하긴 했는데 제품에 대한 코스
프레는 제품에 대한 홍보로 직결되는 사실을 깨달았다.

안티푸라민 코스프레 3

출시일이 오래되어 함께 자라온 것 같은 제품들이 꽤 많다. 과자, 아이스크림, 의약품, 생활용품 등등. 이러한 제품을 모티브로 코스프레 해보는 것도 좋겠다는 생각이 들어서 곧 이런 프로젝트를 진행해보려고 하는데 (올해도 미원과 안티푸라민 2개를 했다!) 그때는 제품 홍보를 위한 것이 아님을 꼭 명시해야 할 것 같다. 오해를 받을 수도 있으니 조심하며 활동을 준비하도록 하자!

가름3. 본격 한복 코스프레

13. 〈베르사이유의 장미〉 '오스칼'

※ 외래어 표기법상 '베르사유'가 알맞으나, 작품 방영 당시의 제목이 '베르사이유'의 장미였으므로 이번 화에서는 〈베르사이유의 장미〉로 표기하였음을 알립니다.

대학원 시절, 비싼 등록금을 충당하기 위해 조교 생활을 했다. 일주일에 3번 조교 근무를 위해 출퇴근을 했는데 귀갓길은 걸어오는 코스였다. 학교는 삼각산 자락, 집도 삼각산 자락인 관계로 오름과 내림이 번갈아 있는 '재 너머 성권롱 댁[15]' 같은 이 코스는 집까지 걸어서 40~50분가량이 걸리는데, 가벼운 마음으로 산책하듯 오가곤 했다.

집으로 돌아오는 길 코스 중간에는 한 대학교가 자리 잡고 있다. 몸담은 대학 캠퍼스를 배경으로 이런저런 촬영을 하다 보니, 귀갓길에 있는 그 학교의 배경이 어떠한지, 사진 촬영을 시도해도 될지 궁금해졌다. 그래서 어느 가을날, 일상적인 귀가 루트에서 벗어나 잠시 그 학교의 전경을 살펴보았다.

---

15) 송강 정철 가사

베르사이유의 장미 오스칼 코스프레 1

이 학교의 전경 중 눈을 사로잡은 풍경이 있었다. 서양의 신전 같은 큰 기둥과 회전형 돌계단, 담쟁이덩굴이 어우러진 건물의 풍경은 충분히 매력적인 촬영 포인트였다. 이 광경을 본 내 머릿속에는 '아! 베르사이유의 장미에 나오는 것 같은 드레스를 입고 촬영하면 정말 멋지겠다.'는 생각이 떠올랐다.

만화 〈베르사이유의 장미〉는 프랑스 혁명을 배경으로 한 일본 만화로, 내가 아주 어릴 적 KBS 애니메이션으로 방영되어 보게 된 작품이었다. 주인공 오스칼은 여성인데 아버지의 의지로 남자로 컸고 왕실 근위대 소속의 군인이 된다. 귀족이기에 귀족의 삶을 살다 프랑스 국민들의 억압받는 모습을 보고 부조리한 세상을 바꾸고자 국민의 편에 서고 바스티유 감옥 습격에 큰 도움을 준다.

역사를 배경으로 한 소설이지만 오스칼은 실존 인물은 아니며 이 작품은 플롯 구성에 의해 실제 역사보다 과장된 점이 많다. 작품 내에서 바스티유 습격 사건은 국민의 편으로 돌아선 오스칼의 지휘하에 시민군이 대포를 쏘아 점령한 것으로 서술되었는데, 실제 바스티유는 정치범이 수용되어 있다는 상징적인 의미일 뿐이며 당시 수감자가 7명에 그치고 수비군이 60여 명 밖에 되지 않은 점 등[16]을

오스칼 저고리 스케치

보았을 때 작가의 상상력과 플롯 구성 능력이 뛰어난 것을
확인할 수 있었다.

　"베르사이유의 장미라...... 베르사이유의 장미 하면 오스

16) 「죽기 전에 꼭 알아야 할 세계 역사 1001 Days」, 마이클 우드,
　마로니에북스, 2009,
　https://terms.naver.com/entry.naver?docId=799830&cid=4
　3082&categoryId=43082

칼이지! 그런데 오스칼은 드레스는 딱 한 번밖에 입지 않는데? 그리고 그 버전은 전에 한 번 했잖아? 그럼 이번에는 제복 버전으로 해볼까? 한복으로 제복을 표현해보면 어떨까? 술을 직접 만들어서 어깨 장식 만드는 것도 도전해보고 싶었는데."

생각과 아이디어가 샘솟았고, 제복 스타일로 저고리를 만들고 기존에 제작했던 흰색 철릭 원피스를 매치하여 코스프레하고 촬영을 하기로 마음을 먹었다.

문제는 시간이었다. 낙엽이 이미 물들고 있던 촬영 포인트는 나의 제작 기간을 서둘게 했다. 거기에 일기예보가 방송하기를, 촬영을 마음먹은 그날을 기준으로 다음 주가 되면 비가 오고 기온이 급하강할 것이라고 소식을 전했다. 머피의 법칙같이 하필 이 주에 학교 입시 보조 감독 일이 있어서 월화수목금토 6일을 내내 학교에 가야 했던 주였다. 월, 수, 금은 조교일, 목요일은 면접보조자 회의, 토요일은 면접일, 거기에 목요일 회의 끝나고 경희궁에 촬영을 하러 갔던 날이라 더욱이 시간이 없었다. 평일 하교 후 집에서 부랴부랴 저고리 제작에 들어갔다.

초기 디자인에서 저고리는 앞은 일반 저고리 길이, 뒤는 망토처럼 길게 만들고자 치마폭 만들듯이 네모난 원단을 주름 잡아 이어줄 생각이었다. 그런데 아이디어가 떠올랐다. '오스칼이 여성이지만 남성처럼 사회생활을 하고 있음인데, 그러하다면 저고리에 여성 의상 포인트를 넣으면 어떨까?'

오스칼 당의 저고리

여성 상의 중에 당의가 떠올랐고 디자인을 변경하여 망토 스타일에서 당의 모양으로 뒷모습을 바꾸어 패턴을 떴다. 원단이 광택이 있어서 그러한지 저고리를 제작해 놓고 보니 모양이 썩 괜찮았다.

길었던 한주가 끝나고 일요일이 찾아왔다. 완성된 것은 저고리뿐. 어깨 장식용 술, 브로치, 검은 미완성인 채였다. 이른 아침부터 장식 만들기에 돌입했다. 손바느질로 브로치의 사방 흰 날개를 제작하고 일회용 수저에 글루건을 짜서 캐보션을 만들어 도색했다. 일반 바느질 실로 어깨 술 장식과 검에 쓸 술 장식을 만들고 종이를 접고 글루건으로 모양을 잡아 검을 만들었다. 시간이 여유가 있었다면 좀 더 단단한 소재로 검 만들기를 도전했을 텐데 시간이 모자라서 가장 빠르고 쉽게 가공할 수 있는 종이를 선택했다. 가벼운 장점이 있었고 내구성이 약한 단점이 있어 촬영장까지 손에 들고 이동했다.

휘뚜루마뚜루 번갯불에 콩 굽듯이 소품을 만들고, 의상을 갈아입고, 화장하고 걸어서 촬영장으로 이동했다. 토요일까지 일한 것이 힘들어서 일요일 촬영을 망설이고 있었는데 아침부터 부지런히 만든 것이 아까워 어떻게든 일요일에 촬영을 강행하고 싶었다. 집에서 나선 것은 3시 가량, 촬영은 해질녘까지 이어졌다.

도착한 장소는 답사일보다 담쟁이덩굴이 많이 진 상태였다. 그래도 붉은 잎이 남아있어서 촬영하기에는 문제가 없었다. 주말이어서 대학에는 사람이 거의 없었고 특히 촬

베르사이유의 장미 오스칼 코스프레 2

영 장소로 꼽은 건물 앞에는 사람이 아예 지나다니지 않았다. 사람은 없지만, 전염병 예방을 위해 마스크는 계속 끼고 촬영을 진행했다.

사전에 눈에 담았던 계단을 시작으로 건물과 기둥을 중심으로 사진을 찍었다. 의상과 가발, 배경의 담쟁이덩굴 색상이 각각 빨, 노, 파인지라 배경과 포인트 색상이 나름 잘 어울려 사진의 결과는 아주 만족스러웠다.

힘들게 제작하고 촬영한 것을 털어놓고 싶어서 한복 관련된 카페에 글을 올렸는데 베르사이유의 장미를 모티브로 한 것에 카페 회원들이 나에게 많은 응원을 줬다. 베르사이유의 장미로 그 당시 추억을 떠올린 회원들을 보니 나도 그 시절로 돌아간 것 같았다. 저고리의 앞과 뒤가 다른 모양인 것을 신기해하는 분위기였다. 만든 당사자인 나도 모양이 생각보다 잘 나와서 신기했는데 다른 의상을 만들 때도 참고를 해야겠다고 다짐했다.

완성 사진을 보며 깨달은 중요한 점이 몇 있었다. 첫째로는 사진에서 가장 중요한 것은 표현하고자 하는 주제에 알맞은 배경이 80% 이상이라는 것. 배경과 표현하려는 이미지가 맞아떨어지니 마음에 쏙 드는 사진이 기록되었다.

베르사이유의 장미 오스칼 코스프레 3

또 한 가지는 표현에 있어 얼굴이 중요한 것만은 아니라는 사실이다. 이전까지는 코로나19로 인하여 마스크에 가려진 얼굴이 못내 아쉬워 촬영을 거의 쉬고 있었다. 그러다가 한복과 접목한 코스프레 작품을 기록하고 싶어서 마스크를 낀 상태로 촬영을 시작했는데, 이번 베르사이유의 장미 사진을 보며 아주 중요한 사실을 깨달았다. 나를 표현하는 것은 얼굴만이 아니라는 사실이다.

물론 얼굴이 타인과 나를 식별하고 구분할 수 있는 가장 쉬운 외적 모습이다. 그러나 나를 표현하는 외적 모습은 얼굴만이 아니다. 몸 전체와 내가 만들고 생각을 담은 나의 옷, 분장, 생각을 표현하고자 선택한 배경 등 모두가 나를 표현하는 이미지 단어들이다. 이 단어들이 모여 문장이 되고 그 문장이 사진으로 기록된다. 베르사이유의 장미 사진을 기점으로 좀 더 활발하게 한복으로 코스프레하여 나를 표현하고 기록함에 박차를 가하자고 다짐했다.

14. 〈마법소녀 리나〉 '리나 인버스'

"바람을 타고서~ 새가 되어~ 날아가고 싶어~" 오프닝 곡과 함께 심장이 뜨거워지는 그 만화영화! 용도 한 손으로 때려잡을 수 있는 강력한 마법 소녀가 된 것 같은 기분이 드는 그 만화영화! 웃으며 "비밀입니다."를 외치는 악역인지 선한 역인지 모를 '제로스' 때문에 매번 헷갈리는 그 작품! 바로 애니메이션 〈슬레이어즈〉다.

국내에서는 〈마법 소녀 리나〉라는 이름으로 SBS에서 2가지 버전이 방영되었다. 애니메이션 전문 채널 투니버스에서도 방영이 되었다던데 우리 집은 케이블 TV를 신청하지 않았기에 나에게는 SBS판이 친근하다.

작품에 등장한 주인공 리나의 마법을 사용하는 모습이 멋져 보여 나는 슬레이어즈 라는 작품 덕분에 덕후의 길로 빠져들었다. 주문 한번 긴 마법 '드래곤 슬레이브' 주문도 술술 외우고 다니던 마법사 꿈나무였던 나! 키도 작고 마른 체형의 주인공이 마법의 힘으로 적을 무찌르고 즐거운 여행을 떠나는 모습이 매력적으로 느껴져 팬이 되었다. 문제를 해결하고 '보수'를 꼼꼼하게 챙기는 주인공의 내실 있는 모습과 "잔말 말고 해!"라는 언니의 말에 꼼짝 못하

리나 인버스 코스프레 1

고 언니 말대로 의뢰를 받는 상반되는 모습도 큰 매력이었다.

마법과 마왕이 존재하는 판타지 세계관에 발맞춰 의상이 상당히 특이한 편이었는데 어깨 갑주와 무기가 기본으로 캐릭터 복장에 세팅되어 있었다. 코스프레를 시작하면서 언젠가 한 번은 코스프레 해보겠노라고 다짐했던 작품인데 아무래도 갑주나 큰 부피의 소품이 나의 발목을 잡았다. 꼭 해보고 싶은 캐릭터가 있다면 단연 주인공 리나 인버스인데, 리나 너! 왜 의상이 꼭 슈퍼맨 같은 것이야?

리나의 바지 의상은 상의에 잘 가려져 보이지 않으나 분홍색 바지 위에 노란색 팬티를 입은 것 같은 디자인이다. 어릴 때는 몰랐으나 커서 옷을 만들려고 보니 이 디자인은 내 스타일이 아니었다. 특히 2021년 새롭게 리뉴얼된 주인공 의상 일러스트를 보았는데 바지에서 분홍색 쪽은 사라지고 노란색 팬티만 입은 듯한 모습을 보고는 지나친 성적 대상화의 느낌이 들어 코스프레하고 싶지가 않았다. 어릴 때는 보이지 않았던 만화의 요소요소에 있는 불편한 진실, 어른이 되어 보이니 씁쓸하기 그지없었다.

그렇지만 어릴 적에 이 만화영화를 좋아했던 나의 마음

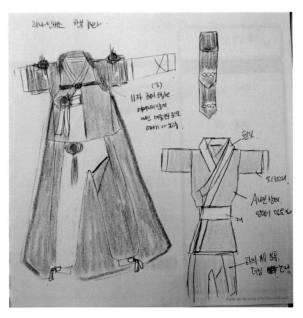

리나 인버스 한복 스케치

은 여전했기에 꼭 한번은 의상을 제작하고 싶었다. 그래서
선택한 방법이 한복으로 변형해서 제작해보기였다. 좀 점
잖은 모습으로 디자인해볼 수 있지 않을까? 하는 생각에서
시작했는데 새로운 형식의 저고리를 만들게 되어 또 다른
도전이 되었다.

우선 리나의 원작 의상의 색상은 모두 살리고, 반소매,

긴바지의 라인은 그대로 따랐다. 대신 상의는 반소매로 하되 삼국시대 저고리처럼 길게 만들고 그 위에 대를 하도록 제작했다. 원작 의상에서는 노란색을 가슴 포인트로 주는데 그 부분을 나는 허리로 변경한 것이다. 그리고 하의 같은 경우 슈퍼맨 바지의 라인을 한복의 사폭 바지로 변경했다. 스키니 바지가 펑퍼짐한 라인으로 바뀌었다. 바지 색상은 초기에 작은 사폭에 노란색 포인트를 넣을까 했으나 의상의 활용성을 위해 분홍색 단색으로 제작했다. 원작 의상은 부츠 위, 장갑 위에 초록색 보석이 포인트로 들어가 있어서 나는 이 부분을 바지 대님에 주는 것으로 변형했다.

저고리 깃은 레이스를 달아주었다. 마법 소녀이니 러블리한 포인트가 하나쯤은 들어가 있어야 하지 않겠는가! 〈슬램덩크〉 한복을 제작했을 때 처음 시도했던 레이스 깃을 응용했는데 아주 마음에 쏙 들게 나왔다. 이 포인트는 깃과 끝동에 들어갔다.

리나는 망토를 착용하고 있는데 이 부분은 쾌자를 변형하여 제작했다. 쾌자는 무릎 정도 오는 길이와 반소매 보다 살짝 짧은 소매로 제작하고 여밈을 할 수 있도록 매듭 단추를 지어 마무리했다. 단추를 묶었을 때보다 풀었을 때

리나 인버스 한복

가 더 자연스러워 보이는 것은 왜 때문일까? 단추를 한 의미가 없잖아!

그리고 대망의 탈리스만! 리나의 마법을 증폭해주는 마법 도구 탈리스만은 원래 제로스라는 캐릭터의 소유였다. 제로스가 이 탈리스만으로 마법을 쓰는 모습을 보고서 리나는 제로스에게 이 마법 도구를 양도(라고 쓰고 강탈이라고 읽는다)받는다. 이 마법 도구는 똑같은 모양의 브로치 4개로 각각 셔츠칼라, 양 손목, 허리벨트에 달려있다. 동일한 모양을 4개로 제작하려니 레진 등으로 몰드를 만들어 찍어내는 편이 빠를 것 같았다. 레진은 비싸고 집에 없는 재료이니 집에 있는 글루건으로 찍어내야겠다고 생각하면서 몰드를 고민하다 지점토를 선택했다. 지점토로 모양을 만들어 3일 동안 말리고, 코팅하고, 말리고, 다시 새 지점토에 모양을 찍어 말려 틀을 제작했다.

틀 제작까지는 어찌어찌 성공했으나 글루건으로 이용해서 찍어내는 것에서 실패하고 말았다. 원인은 2가지였다. 첫 번째로 몰드를 너무 크고 깊은 사이즈로 만들어 글루건이 들어가다가 굳어버리는 것과 몰드를 코팅하지 않아 글루건 표면에 지점토 표면이 울퉁불퉁하게 묻은 것이 두 번째 원인이었다.

지점토로 제작한 탈리스만 모형

　몰드 뜨기에 한번 실패한 이상 재료를 바꿔도 동일한
방법을 사용한다고 성공하리라는 보장이 없었다. 그래서
글루건으로 탈리스만 모양을 '그렸다'. 말 그대로 정말 그
렸다. 비닐봉지 위에 글루건을 짜가면서 탈리스만 모양을
잡아 말리고 매니큐어와 래커를 이용해 도색했다. 가볍고
사진 찍기에는 괜찮은 모양새였다. 이렇게 완성한 탈리스
만 중에 3곳에 술을 만들어 달았다. 두 개는 어깨 장식으
로, 하나는 노리개로 사용하기로 했다.

　옷만 만들어놓고 입지 않고 있다가 다른 촬영 일정을

글루건으로 그린 탈리스만

잡은 날 한복에 촬영했다. 주말 교정에서 하는 촬영이었다. 학교 곳곳에 포인트가 될 만한 곳들이 있어서 몇 컷 짧게 담았다. 한복에 맞춰서 한옥에서 촬영하면 좋았을 텐데 이것이 조금 아쉬움이 남는다.

촬영을 마치고 한 달 정도 후, 조바위에 쓸 천연석을 찾아보다 탈리스만을 만들면 좋을 것 같은 천연석을 발견했다. 난집도 찾다 보니 비슷한 느낌으로 쓸만한 난집을 발견했다. 원형 난집에 반달 모양으로 모양이 들어간 것이었다. 이 반달 모양 난집과 천연석으로 탈리스만을 만들어보

리나 인버스 코스프레 2

면 예쁠 것 같았다. 고민은 짧게, 결제는 순식간에 끝냈다.

날이 풀리는 따뜻한 봄이 오면, 이 재료로 탈리스만을 다시 만들어 재촬영을 하러 가야겠다. 그때는 댕기나 소품을 조금 더 추가해볼까?

천연석과 난집

15. 〈슬램덩크〉교복 모티브 한복

뜨거운 코트를 가르며17) 나에게 다가온 애니메이션 〈슬램덩크〉! 청춘의 열정을 불사른다는 이미지가 떠오르는 나의 인생 만화이다. 여학생에게 반하여 농구를 시작했지만, 나중에는 인생을 걸고 농구에 올인하는 주인공 강백호! 그리고 강백호의 농구에 대한 재능을 알아보고 농구부에 적극적으로 영입하도록 안내한 자가 있었으니, 바로 여주인공 채소연이다.

슬램덩크는 메인 스토리가 남자 선수로 구성된 농구부가 중심이기에, 나는 등장하는 여성 캐릭터를 코스프레 하곤 했다. 하복, 동복, 운동복에 심지어 일본 여행 가서는 슬램덩크 배경지인 가마쿠라 고교 앞에서 기념사진을 찍기도 했다.

2019년 일본의 무역 제재가 들어오면서 한국에서는 자발적으로 No Japan 운동이 일어나기 시작했다. 사람들은 일본 상품을 불매하고 일본 여행도 가지 않았다.18) 이 운

---

17) 〈슬램덩크〉SBS판 오프닝 곡 가사
18) "이번엔 오래간다"... 이번 日 불매운동이 과거와는 다른 8가지 이유, 동아일보, 2019.8.25.
https://www.donga.com/news/article/all/20190825/97101975/1

동이 지속되던 중 코로나19가 발생하여 2년여 가량 일본 여행길이 끊기기도 했다. 나는 이 운동에 함께 하면서 이 때부터 일본 애니메이션에 대한 코스프레 활동을 한국의 어떤 것을 첨가하여 활동해보기를 희망하기 시작했다.

슬램덩크 한복 스케치

작업 창고에서 어느 날 문득 하늘색 시폰 원단이 눈에 들어왔다. 북산 고등학교의 치마 색과 매치가 되는 색이었다. 원단량도 치마 하나는 나올 양이었다. 슬램덩크 모티브 한복을 만들자는 아이디어가 떠올랐고 즉각 실행에 옮기기로 했다.

처음에는 동복 교복 모티브로 디자인을 했다. 긴 저고리로 스케치를 했는데 일단 만들던 당시는 여름이었고, 저고리로 쓸 남색 조각천을 찾아보니 소매가 나오지 않을 길이었다. 처음 찾은 하늘색 원단도 시폰치고는 두꺼웠지만, 겨울에 입기에는 적당하지 않았다. 그래서 대표색이 동일한 여름 교복으로 디자인을 살짝 바꾸어 반소매 저고리로 제작을 결정했다.

치마와 저고리 안감, 저고리 소매 부분은 얇은 면 아사천을 사용했다. 얇고 가벼워서 착용감이 좋았는데 세탁하니 주름이 심하게 많이 가는 편이라 다음에는 이 주름을 고려해야겠다는 생각이 들었다.

옷고름은 예전에 쓰고 남은 공단 원단을 바이어스 테이프 형태로 재단해둔 조각 원단을 이용했다. 소매 끝에 포인트로 쓴 레이스는 소재를 잘 모르고 폭과 모양만 보고 썼는데 소재가 나일론이었는지 높은 다리미의 온도에서 다리다가 타버리고 말았다. 남은 레이스로 수선을 하는 대참사가 발생했다! 여분의 레이스가 남아있어 천만다행이었다.

옷깃은 레이스를 여러 겹 박아 사용했는데 옷에 포인트를 주고 싶은 마음에 그렇게 만들었다. 한복 커뮤니티에

슬램덩크 한복 착용샷 1

사진을 올렸는데 이 부분을 마음에 들어 하는 사람들이 많았다. 역시 무엇이든 내 눈에 예뻐 보여야 다른 사람 눈에도 예뻐 보이는 것 같다.

이렇게 집에 있던 원단과 재료를 탈탈 털어 한복 한 벌이 뚝딱! 완성되었다. 제작한 한복은 외출용 옷으로도 손색이 없었는데 코로나19로 인하여 밖에 나갈 일을 만들지 않던 때 인지라 집에서 입고 촬영을 했다.

개인 코스프레 셀프 컷, 공모전에 사용하려고 방탄소년단의 'Permmision to Dance'에 맞추어 잘 추지 못하는 댄스도 춰보고, 짧은 코스프레 강의 영상도 몇 가지 찍어봤다. 개인 유튜브 채널에 공개한 것도 있고 아닌 것도 있으니 궁금한 분은 나의 유튜브 채널을 방문해주길!

슬램덩크 교복을 모티브로 한복을 만들어보면서 느낀 점은 원작이 있지만, 나의 생각과 느낌을 담아 새롭게 해석하면 새로운 작품이 창조된다는 것이었다. 원인이 같아도 누가 고민하고 해석하는가에 따라 새로운 결과가 창조되는 것이다. 이 과정이 플라톤의 예술론과 일치하니 참으로 신기했다. 플라톤은 원 대상의 이치와 의미를 담아 창작자와 예술가가 자신만의 작품을 만들면 이것은 디에게시

슬램덩크 한복 착용샷 2

스, 자기표현, 자기 서사라 했고 이 예술가의 작품을 겉모습만 따라하여 똑같이 만들면 그것은 미메시스, 모방이라고 했다.[19]

캐릭터는 언어의 측면에서 보자면 기호이다. 그림으로 이뤄진 문자이다. 이 기호에는 대표하는 어떤 의미, 개념이 있다. 코스프레를 함에 있어서 우리는 이 기호에 각자의 의미를 담아 자신만의 코스프레를 한다. 원작 캐릭터를 나만의 생각과 방식을 담아 나의 이야기를 할 것인지, 내 생각과 고민, 작품에 대한 애정 없이 어떤 금전적인 목적을 위해, 혹은 불순한 의도로 단순하게 캐릭터의 겉모습만 따라 하며 캐릭터와 코스프레를 이용하는 미메시스를 할 것인지는 각자만의 선택이다.

나는 한복과 코스프레를 이어 작품활동을 이어가려고 한다. 코스프레가 꼭 특정 시간, 특정 장소에서만 국한될 필요는 없다고 본다. 내가 있고(本吾: 본오), 캐릭터의 기호로 내 생각(思吾: 사오)을 담은 한복(의상, 분장)이 있고 그 결과로 나를 표현하는 나(現吾: 현오)[20]가 있으면 어디서는

---

19) 플라톤의 「국가」 제 4권, 제 10권 참조
20) 본오(本吾), 사오(思吾), 현오(現吾)는 각각 본질의 나, 생각하는 나, 생각이 현실에 드러난 나이다. 「나의 코스프레 철학 탐구」 제 3장 코스프레의 특성 연구 참조

슬램덩크 한복 착용샷 3

나는 코스프레하고 있는 것이다.

　내가 제작하는 한복은 일상복으로 제작하여 입기 편하고, 부피감이 적은 편이기 때문에 거리나 다른 장소에서 다른 사람들에게 피해가 갈 일이 적다. 특히 집에서 입고 외출을 하여도 사람들은 한복을 입었나보다 할 뿐이라 이 점 또한 매력이 있다. 한복을 만들고 입고, 촬영하면서 점점 내가 생각하는 코스프레가 어떤 것인지 구체화 되는 느낌이다. 고정된 장소에 국한되지 않고 열린 장소에서 마음껏 코스프레하고 나를 표현할 수 있는 방향으로 말이다.

16. 오늘은 내가 〈요리왕 비룡〉

고등학교 시절, 나의 베스트 프렌드들은 소설책과 만화책을 아주 좋아했다. 학교 앞 책 대여점에서 빌린 만화책을 야간 자습 시간에 몰래 읽곤 했다. 장르를 가리지 않는 친구들은 이 책 저 책 재미있어 보이면 냅다 빌려 읽는 다독자였다.

우리 사이에서는 〈먹짱〉이라는 만화가 유행했는데 대식가의 대회 참여 이야기였던 것으로 기억한다. 요새는 유튜브로 대식가들을 쉽게 접할 수 있지만, 2000년대 초반만 해도 이런 대식가는 〈세상에 이런 일이〉 혹은 만화에서나볼 수 있었다. 고등학생인 나는 이 대식가 만화를 보았을 때 〈요리왕 비룡〉이 떠올랐다.

요리왕 비룡은 배경이 중국이며 중화요리에 대한 내용이 주를 이룬다. 요리 천재 '비룡'이 특급 요리사가 되기위해 모험을 떠나는데, 이때 만난 사부님이 엄청나게 무시무시한 대식가이다. "요리사는 얼마나 많이 요리하고 얼마나 많이 먹는가다."라는 모토를 가진 비룡의 사부님. 와인통만 해 보이는 그릇에 들어 있는 국수를 원샷으로 들이킬때는 만화적 상상력으로나 가능한 일이라 생각했다.

우물 물 뜨기

위도 크고 답도 크고 통도 큰 이 사부님 밑에서 비룡은 요리에 대해 수련하고 태생의 선한 마음으로 중국 이곳저곳을 여행하며 요리로 사람들의 마음을 치료해준다.

KBS에서 방영했던 요리왕 비룡의 주제곡은 가수 배연희 씨가 불렀는데 오프닝 곡과 엔딩 곡 모두 인기가 있었다. 2020년 성우 강수진 씨가 '덕분애 프로젝트'를 시작했는데 첫 작품이 바로 요리왕 비룡이었다. 이 텀블벅21) 프로젝트는 요리왕 비룡의 오프닝, 엔딩 곡을 재녹음하여 새 음반을 제작하는 것이었다.

그때 그 시절 꿈 많고 호기심 많던 내가 떠올라 얼른 펀딩을 신청했다. 마라향 디퓨저나 식기 세트 등의 옵션이 있었으나 나는 음원 CD만 신청했다.

덕분애 프로젝트는 펀딩 모집 동안 진행 상황에 대해 자주 공지를 해줬고 강수진 성우가 직접 펀딩 물품 준비 중인 공장 등을 시찰하면서 펀딩에 대한 믿음을 심어주었다. 이러한 과정을 거쳐 내게 도착한 CD와 펀딩 참가자

---

21) 텀블벅: 크라우드 펀딩 사이트. 펀딩의 주체자가 기준 금액을 설정하여 해당 후원금액을 달성하면 펀딩에 성공한다. 주체자는 후원자에게 보답으로 후원 금액에 따른 후원 물품을 전달한다. 선주문 시스템이라고 할 수 있다.

재료 다듬기

명단이 담긴 노트는 소중히 간직할 추억이 되었다.

물품 수령이 끝나서 펀딩이 끝나는가 했는데, 덕분애 프로젝트는 끝까지 참가자의 기대를 저버리지 않고 후기 이벤트를 진행한다는 소식을 알렸다. 나는 어떤 콘텐츠로 이벤트에 참여할까 고민했다. 이 작품은 일본에서 창작했고, 등장 배경과 내용은 중국, 중화요리였다. 한국에서 한국 오리지널 사운드 트랙으로 펀딩을 진행한 만큼 한국적인 것을 후기에 담고 싶었다.

그래서 생각한 아이디어가 한복으로 비룡 표현하기였다. 흰색 저고리와 사폭 바지를 베이스로 하고 빨간색 쾌자로 포인트를 주었으며 원작에서 비룡 어깨에 있는 특급요리사 장식을 마패로 활용했다.

자체 디자인하고 제작한 한복을 입고 비룡 텀블벅 프로젝트를 소개하는 영상을 만들어 이벤트에 참여했다. 정성을 봐주셨는지 영화 예매권에 당첨되었다. 당첨 자체보다는 내 정성을 알아봐 준 것 같음에 기뻤다.

그리고 이 비룡 이벤트가 나의 한복으로 코스프레하기의 시발점이 되었다. 이전에는 한복을 사복으로 제작해 입

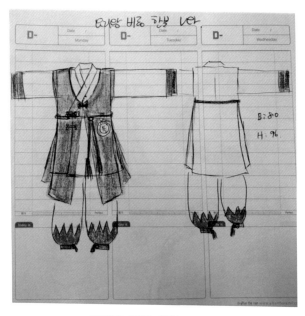

요리왕 비룡 한복 스케치

었을 뿐이었고 본격적인 촬영을 위한 코스프레 의상으로는
생각하지 못했다. 그런데 비룡 이벤트 참여와 한복으로 캐
릭터 표현하기를 도전한 결과! 나의 창작품이 내 취향에
딱 맞아 마음에 쏙 들었다. 그래서 다짐했다. 한복으로 코
스프레 작품을 기록하겠노라고! 이 마음이 시발점이 되어
책까지 엮을 수 있었으니 요리왕 비룡과 덕분에 펀딩이야
말로 나의 한복 코스프레 프로젝트의 기원이라고 할 수 있

겠다.

　비룡 이벤트에 썼던 영상과 사진은 집에서 셀프컷으로 촬영했다. 한창 코로나19가 창궐했던 시기라 오직 집에서만 촬영할 때였다.

　시간이 흐르고 코로나19는 여전한데 세월은 흐르고 나는 계속 나이를 먹어가고 있었다. 코로나19가 무서워서, 마스크를 끼고 촬영하면 얼굴이 안 나와서, 줄곧 야외 촬영을 미뤄왔는데 내 몸의 노화 시간은 나를 기다려주지 않음을 깨달았다. 그래서 마스크를 쓴 상태로 야외촬영을 진행하기 시작했다.

　처음에는 얼굴이 안 나오니 의미가 없지 않나 생각했는데 촬영을 반복하면서 오히려 얼굴을 보정하지 않아도 되어 좋고, 의상에 더 집중할 수 있는 결과물이 나와서 더 좋았다. 특히 코로나19에 잘 대응할 수 있는 마스크를 낀 상태라 마음이 든든했다. 이 든든함은 혼자 촬영하기가 뒷받침해 주었다.

　혼자 촬영하기. 삼각대, 스마트폰, 블루투스 리모컨만 있으면 나 혼자 마음 편히 사진을 찍을 수 있다. 언제 어

김장 김치 꺼내기

디든 마음만 먹으면 자유 영혼이 되어 내가 생각하는 바를 프레임에 담는다. 초기에는 코로나19 예방 차원에서 혼자 찍기 시작했는데 찍다 보니 셀프촬영의 매력을 만끽할 수 있었다.

비룡 의상은 남산 한옥마을에 가서 촬영했다. 추위가 다가오는 시기인지라 스케줄 상 토요일 오전에 갔는데 전통 혼례 준비와 어린이들 현장학습 팀이 많았다. 두 건에 대해 방해가 되지 않도록 해당 이벤트 장소는 피해가며 촬영해서 오전 촬영은 1시간 가량 만에 끝이 났다.

한옥마을을 선택했던 이유는 아궁이와 장독대에 있었는데 확실히 사진에서 배경이 중요한 이유를 이날 새삼 깨달았다. 아궁이 옆에서, 장독대 옆에서 찍은 한 컷, 한 컷이 요리와 관련된 작품인지라 배경이 캐릭터와 찰떡인 것이었다.

이때 촬영 이후로는 캐릭터에 알맞은 배경에 대해 좀더 고민하기 시작했다. 셀프촬영을 진행하니 사진 구도나 배경에 대해서도 더 관심을 가지게 되어 많은 공부가 되고 있다. 안정적인 비율과 구도를 찾아 앞으로도 한복 코스프레 셀프 촬영 도전은 계속될 것이다! 쭉~!

17. 〈월간순정 노자키군〉 '치요' 한복

〈월간순정 노자키군〉의 등장인물 '치요'는 고등학교 1학년으로 등교할 때 늘 머리 양쪽에 물방울무늬 리본을 달고 다닌다. 애용하는 원단 사이트에 빨간색 바탕에 흰색 물방울무늬 원단이 마침 세일이기에 저렴하게 구매 후 치요 한복을 만들기로 했다.

치요 한복 스케치

메인 원단이 수영복을 제작하는 재질인지라 여름 한복을 만들기로 하고는 흰색 모시 원단과 메인 원단을 이용해 저고리를, 메인 원단으로 말기 치마를 만들었다. 치요의

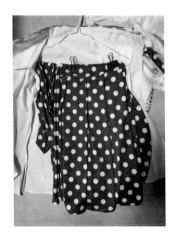

치요 한복 치마와 댕기

귀여움과 소녀다움을 더 부각할 수 있도록 저고리는 레이스로 장식했다.

의상을 만들어둔 지 오랜 시일이 지났으나 코로나가 끝날 조짐이 보이지 않아 촬영은 마냥 미뤄지고 있었다.

어느 날, 예술의전당에 조수미 씨의 홀로그램 미니 콘서트 전시22)가 있다는 소식을 듣고 관람차 방문했다. 어떤

---

22) 〈조수미의 홀로그램 미니 콘서트 - 빛으로 그린 노래〉는 예술의전당에서 전시한 미디어아트로 홀로그램 전용관을 만들어 2021년 9월 17일부터 상시 관람하도록 한 미니 콘서트이다. 예술의전당 홈페이지 참조

예술의 전당 앞에서

옷을 입고 갈지 고민하다가 일전에 미원 앨리스로 만든 철릭을 입기로 했다. 백색으로만 만든 옷이라 속옷 같다는 엄마의 말이 있어 치요 말기 치마를 위에 입기로 했다. 일전에 만들 땐 소폭으로 만들어 일자 라인으로 떨어지는 치마였는데 폭넓은 철릭 위에 입어야 하니 대폭으로 치마를

(https://www.sac.or.kr/site/main/board/sacnews/274874)

수정했다.

　깔끔한 백색 위에 강렬한 빨간 바탕의 치마는 적절한 포인트가 돼주었다. 오랜만에 나들이 간 예술의전당은 주말을 맞이하여 산책처럼, 공원에 놀러 온 가족 단위의 사람들이 많이 보였다. 주위 환경에 따라 어릴 적 접하는 문화 예술이 다르겠구나 하는 마음에 한편으론 그들이 부럽고 한편으론 쓸쓸한 감정을 느꼈다.

　아무튼 이렇게 치요 한복은 코스프레 촬영 전에 일상복으로 유용하게 쓰였고, 야외촬영을 하기에는 당시 가을에 접어든 계절이라 집에서 몇 컷 찍어 사진을 남겨봤다.

　메인 원단으로 댕기도 만들었는데, 치요 머리핀처럼 리본으로 만들지 않은 이유는 메인 원단 무늬와 가발 색상이 충분히 캐릭터의 특징을 담고 있다고 보이기에 리본까지 하게 되면 과하다는 생각이 들었기 때문이다. 아무래도 한복으로 디자인해본 만큼, 머리 장식도 한복의 실루엣을 살려보고 싶었다.

　코로나19로 인해 야외촬영을 진행해도 마스크는 끼고 사진을 찍는지라 집에서 셀프 컷으로 찍은 사진도 나쁘지 않았다. 꼭 코스프레가 아니라도 사복으로, 생활한복으로 입어도 될 것 같아서 돌아오는 여름에는 이 한복을 입고 외출해볼까 한다.

18. 방탄소년단(BTS) '정국' 화공 모티브 한복

방탄소년단(BTS). 대학원에 들어오면서 선배들에게 듣게 된 방탄소년단의 Love yourself. 그때는 그냥 '이런 아이돌이 있나 보다.'라고 넘겼었다.

방탄소년단이 빌보드 차트에 입성하고 1위를 9주 연속으로 하는 등의 행보를 펼친다는 소식[23], UN에서 연설했다는 기사[24]를 들었다. 이 가수는 음악방송보다는 사회면에서 만나는 빈도수가 높은 가수라고 개인적으론 생각했다. 물론 좋은 쪽으로 말이다.

어떤 음악을 하고 어떤 메시지를 전달하며 어떤 마인드를 가지고 있기에 이토록 세계적인 가수가 된 것인지 궁금하여 유튜브로 음악을 찾아보기 시작했다.

---

23) 방탄소년단 '버터', 빌보드 핫 100 9주째 1위, 한국경제, 2021. 8. 3.,https://www.hankyung.com/life/article/2021080367477
24) 방탄 UN연설 "다시, 새로운 세상을 살아내자"... 희망찬 메시지 전달, MBN, 2020. 9.24., https://star.mbn.co.kr/view.php?year=2020&no=987210&refer=portal

국립현대미술관 서울관 뒤뜰에서

그들의 음악은 흥겨웠고 자체적으로 제작하는 예능에서는 서로서로 응원하고 보듬는 모습이 내게는 매우 인상 깊었다. 특히 한 콘서트에서 방탄소년단의 리더 RM은 관객들에게 관객들 자기 자신을 사랑하는 것에 방탄소년단을 이용해달라고 발언했다. 나에게는 실로 놀라운 일이었다. 보통 연예인, 가수들은 당사자들을 사랑해달라고, 관심 많이 가져달라고 이야기하는 것이 프로토콜처럼 여겨졌는데 방탄소년단은 실로 자신들의 팬덤 아미(ARMY)를 운명공동체, 혹은 자기 자신들로 생각하고 있었다. 그들의 행보를 보면 이 말들이 가식에서 나온 행동과 발언이 아니었다.

이러한 생각을 바탕으로 둔 노래이기에 수많은 사람의 마음을 잡을 수 있던 것 같다. 방탄소년단에 대해 인식하고 나니 자연히 관심이 갔고 그들의 자체 제작 예능 〈달려라 방탄〉을 시청하게 되었다. 친절한 아미 팬들 덕분에 유튜브에 올라오는 그들의 예능은 즐거웠고, 서로를 챙겨가며 다독이는 모습이 나의 마음을 따뜻하게 만들었다.

달려라 방탄 에피소드 147회는 민속촌에서 방탄소년단이 조선으로 타임 슬립한 콘셉트로 진행되었다. 각자 조선시대 의상을 입고 캐릭터로 분장을 한 상태였다. 함께 퀴

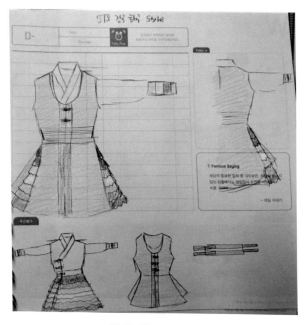

화공 한복 스케치

즈를 풀어야 현대로 돌아올 수 있었는데, 퀴즈의 힌트를
얻기 위해 각자만의 미션을 수행해야 했다. 멤버 정국은
화공으로 분장했고 민속촌 곳곳에 놓인 미니 스카프를 모
아 무지개색을 만들어야 힌트를 얻을 수 있었다. 정국은
스카프를 찾아 열심히 모았는데 수납할 공간이 없었는지
허리 대대(大帶)에 스카프를 꽂아 넣고 민속촌을 누비기 시
작했다. 나는 이 스카프의 모습을 보고 생각했다. '무지개

색 치마를 만들어 쾌자 아래 입으면 예쁘겠다!' 고.

화공 모티브 한복

정국의 스카프 실루엣은 일자 천을 대대에 꽂았기 때문에 세로로 한 줄씩 색상이 달랐다. 위에 쾌자를 입는다고 생각하면 색깔이 세로였을 때는 쾌자 밖으로 보이는 색상이 무지개색으로 보이지 않고 한 가지 혹은 두 가지 색 정도만 보일 듯싶었다. 아이디어를 짰다. 가로로 무지개색을 정렬하자! 그러면 쾌자 밖으로 치마 색상이 다 보일 것이다!

고민은 계속되었다. 치마로 만들까? 철릭으로 만들까?

철릭 원피스

정국은 저고리, 바지, 쾌자, 대대, 토시를 착용한 모습이었다. 나는 어떻게 이것을 나의 것으로 소화할까? 저고리와 치마로 따로 제작한다고 해도 쾌자에 의해 가려질 것 같아서 편의성과 전체 실루엣을 예상하여 나는 미니 철릭 원피스와 쾌자, 대대, 토시 구성으로 제작하기로 했다.

'있는 것에서 만들자!'는 모토에 따라 재료를 사지 않고 최대한 집에 있는 것으로 모아 만들기로 결심했는데 집에 묵혀둔 천이 얼마나 많았던지 원단 종류를 가리지 않고 색상을 모으려고 창고를 탈탈 털다 보니 무지개 색상이 완성되었다. 이걸 좋아해야 하는 건지 말아야 하는 건지......
쌓인 원단을 다 쓸 때까지 부지런히 작업을 계속해야겠다
고 다짐하면서 의상에 사용할 원단을 작업 방에서 찾아 발
굴 작업을 계속했다. 포인트는 무지개색상이었고 나머지
의상은 정국 화공 원작 색상에서 약간 벗어나도 비슷한 컬
러 군으로 보인다면 만사 OK였다.

철릭 원피스 상의 저고리 부분은 깔끔한 흰색 자카드
원단으로, 철릭 치마 부분은 밤이 새도록 프릴을 잡고 레
이스를 달아가며 풍성하고 화려하게 제작했다. 이때 작업
한 프릴 덕분에 당분간 프릴은 쳐다보고 싶지 않아졌다.
프릴 잡기 양이 많아지니 질리더라. 도대체 무지개 치마
만드는 장인 분들은 어떻게 그 풍성한 무지개 치마를 제작
하시는지 장인 정신이 대단하다고 몇 번을 생각했는지 모
른다.

화공 한복은 제작 후 집에서 촬영했었고, 2차로 종친부
경근당과 옥첩당에서 야외 촬영을 진행했다. 방탄소년단의
제이홉이 인스타그램에 국립현대미술관 서울관을 방문하여
찍은 사진을 게시한 것을 보게 되었고, 그 사진 속에서 경
근당과 옥첩당을 보게 되었다. 예전에는 정독도서관 부지
내에 있던 건물인데 복원하면서 제자리를 찾아 국립현대미

옥첩당 앞에서

술관 쪽으로 옮겨오게 되었다고 한다. 정독 도서관에 다니던 시절 본 적이 있어서 낯설지 않은 건물이었다.

의상 제작의 모티브가 된 것이 방탄소년단이었고, 장소에 대한 아이디어를 준 것도 방탄소년단이었다. 제이홉의 사진을 본 순간 저곳에서 화공 한복을 촬영하면 나 개인에게는 의미 있는 촬영이 될 것 같다는 생각이 들었다. 촬영 전에 종친부 경근당과 옥첩당에 대해 알아봤는데, 왕의 어보와 영정을 보관하는 곳이었다고 한다. 화공 한복과 일맥상통하는 부분이 있어서 화공이라는 주제를 실현하여 촬영하기 알맞은 곳이었다. 이상이 현실로 드러난 순간이었다.

이날 옥첩당을 가는 길에 '도화서길'이라는 건물을 발견했는데 예전 도화서 터에 지은 공공건물이었다. 아직 문을 열지는 않았는데 건물 앞에 예쁜 포토존을 만들어두어 사람들이 추억을 남기고 갈 수 있도록 해두어서 나도 사진을 촬영했다. 도화서에 화공이라! 우연이었지만 화공을 찍으러 온 나를 하늘이 도와준 행운이었다.

촬영은 겨울에 이뤄졌고 화공 한복 위에 두루마기를 입긴 했지만, 사복처럼 입고 다녀왔다. 여름에 미원 앨리스를 촬영가던 날은 화공 한복의 남색 쾌자를 철릭 위에 입

도화서길 포토존 앞에서

고 촬영장으로 이동하기도 했다. 촬영과 사복을 동시에 잡을 수 있는 한복이 내게는 매력이 넘쳐 보인다.

한복은 사복으로 입어도 무방하다는 것이 나의 지론이다. 촬영 장소까지 입고 가면 탈의 시간을 없앨 수 있어 편리하고 화장실 안에서 옷을 갈아입거나 하는 불편함과 공공장소를 오래 점유하는 등의 행동을 하지 않을 수 있어 나는 이 방법을 고수하는 편이다. 한복은 사복이고, 나를 의상으로 표현하는 코스프레는 일상이라는 내 생각은 변치 않을 것 같다.

만화영화든 아이돌이든 내가 좋아하는 것에 대해 주체적으로 사랑하는 방법이 나에게는 코스프레이고 캐릭터의 이미지 단어를 한복과 의상에 담아 제작하는 것이 사랑의 표현법이다. 이 사랑이 나의 인생에 어떤 일과 결과를 가져다줄 지 아직은 모르겠으나 사랑하는 마음이 계속된다면 이 작업 또한 계속되지 않을까? 생각한다.

방탄소년단 덕분에 아이돌이 분장했던 화공 의상도 한복으로 만들어보는 기회가 생겨 개인적으로는 참 좋은 시간이었다. 다음에 나를 사로잡을 또 다른 이미지 단어는 무엇일까?

19. '펭수' 단령

　때는 2020년 12월 26일. 이상 기온에 의해 "추울 때는 더 춥게! 북극 뺨치게!"를 전개하는 북방의 계절이 돌아왔다. 영하 기온이 지속하는 강추위 덕분에 몇 년간 롱 패딩 점퍼가 유행했다. 내가 가진 옷들은 숏 패딩과 롱코트뿐! 롱 패딩 점퍼를 하나 장만하고 싶었다.

　그런데 비슷비슷한 롱 패딩 점퍼를 구매하자니 재미가 없어 보였다. 나만의 패딩 점퍼를 만들고 싶었다. 어떤 디자인이 좋을까? 2020년에 한창 빠져있던 '펭수' 캐릭터에 눈이 갔다. 10살 난 자이언트 펭귄 펭수. 어른이든 애든 인간 대 인간으로 생각하며 마음 편하게 사람을 대하는 태도와 10살임에도 불구하고 철학적 깊이가 있는 언행 등을 보이며 언제나 밝고 당당하게를 실천하는 펭귄이 썩 마음에 들었다. 펭수를 모티브로 점퍼를 만들기로 했다!

　어떤 디자인이 좋을까? 한복을 좋아하니 한복으로 만들고 싶다. 어떤 한복 종류가 좋을까? 펭수는 배 부분이 하얀색이니 몸판 부분에 타원형의 하얀색 장식이 들어갔으면 좋겠다. 이러한 장식이 달리기에 적절한 한복이 뭐가 있을까? 관복으로 입었던 단령이라면 딱 좋겠다는 아이디어까

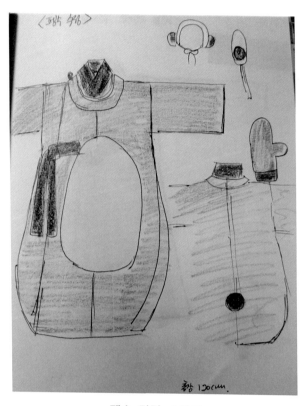

펭수 단령 스케치

지 도달했다.

아이디어를 짜고 디자인을 한 연후에 재료를 구매할 차
례가 왔다. 처음에는 패딩 원단을 이용해서 단령을 제작하고자 했는데 펭수의 질감은 패딩 원단보다는 코트 원단이 더 알맞을 것 같았다. 펭귄이니 털이 필요하다는 입장이었다. 초기 계획을 변경하여 코트 원단을 구매했다. 코트를 완성하고 깨달았다. 코트 원단 선택은 잘못이었음을.

긴 코트를 원했고 펭수의 실루엣을 본따기 위해서 코트 하단으로 갈수록 항아리 모양으로 형태가 나오도록 패턴을 제도했다. 코트 깃은 단령 모양으로 동그랗게 만들고 여밈은 똑딱단추를 달았다. 단령 안에 입는 한복 깃은 한복 대신 목도리를 만들어 깃 모양이 나도록 입을 수 있게 만들었다. 방한효과와 깃 모양 두 가지를 모두 잡는 일석이조였다. 몸판 가운데 흰색 원단으로 동그란 모양을 만들어 박음질했다. 이때 손이 들어갈 구멍을 남겨두고 박음질했다. 그 이유는 동그란 모양 전체를 주머니로 쓰기 위함이었다. '도라에몽'이라는 캐릭터 저리 가라 할 정도의 대형 주머니를 얻었다!

펭수 코트의 차밍 포인트는 꼬리에 있다. 코트 뒤판에 검은색 동그란 원형 모양을 박음질하여 펭수의 꼬리를 표현했다. 항아리 몸통에 동그란 꼬리가 있으니 뒷모습이 꽤 귀여운 코트가 완성되었다.

챠밍 포인트는 꼬리

펭수는 노란색과 빨간색이 배색 된 헤드셋을 착용한다. 이 부분을 볼끼로 따와 제작했다. 귀가 시리지 않고 방한 효과를 얻을 수 있으며 펭수의 심볼을 빌려올 수 있는 좋은 선택이라고 생각했다. 노란색으로 볼끼의 몸판을 만들고 빨간색 원단을 이용해 족두리를 만드는 것처럼 구형을 만들어 귀 부분에 부착했다. 만들고 보니 족두리보다는 오자미 모양이었다. 똥손도 이런 똥손이 없다. 심폐소생술에 들어가야 했다. 족두리에 구슬로 장식을 하면 꽃 모양으로 표현할 수 있겠지 싶어서 족두리 모양 정 가운데 진주를 바느질했다. 오, 역시 장식이 중요하다. 오자미에서 족두리로 보인다. 이렇게 볼끼도 완성!

펭수 손을 표현하기에 장갑은 안성맞춤이었고 겨울옷이라 장갑 세트 구성은 그야말로 금상첨화였다. 비록 각진 장갑이 완성되었지만 말이다. 다음에는 더 동그랗게 바느질을 해봐야겠다.

이 한복은 두꺼운 원단에 부피도 큰 한복이라 제작하기가 꽤 힘들었다. 완성하고 시험으로 착용하고자 들어보니 무게가 상당했는데 저울에 재어 본 결과 무게가 약 2.3kg이었다. 입고 외출하면 따뜻해서 좋은데 장시간 착용하면 어깨 근육이 뭉치고 척추가 버거운 부작용이 있었다. 이때

크리스마스 소원을 빌다

다짐했다. 겨울 외투는 무조건 솜 들어간 패딩으로 만들자! 코트 감은 무겁다!

이렇게 완성한 펭수 단령은 한겨울을 따뜻하게 날 수 있는 기본기 탄탄한 아이템이 되었다. 사복으로 애용했는데 언젠가 이 의상도 사진을 남겨야겠다며 촬영 시일을 가늠하고 있었다.

2021년 크리스마스 시즌, 동네 한 교회에서 빨간색 탐스러운 구슬을 주렁주렁 단 예쁜 크리스마스트리를 건물 앞에 설치했다. 버스정류장에서 아주 가까이 위치한 교회라 버스를 타며 오갈 때 이 크리스마스트리를 보았고 이곳에서 크리스마스 기념 촬영을 해보면 좋을 것 같다는 아이디어가 떠올랐다. 어떤 캐릭터를 찍으면 좋을까 고민했는데 이때 펭수 단령이 생각나서 바로 촬영을 강행했다. 역시 평소에 언젠가는 무엇을 꼭 해야겠다고 생각하고 마음에 새기면, 기회가 왔을 때 잡을 수 있는 것 같다.

크리스마스 전, 평일 오후, 일몰하자마자 교회 건물 앞으로 촬영 준비를 하고 갔다. 교회까지는 집에서 도보로 15분! 12월 겨울 펭수 코트는 이동과 촬영 중에도 나에게 따뜻함을 나눠주었다.

해답을 찾아 기도하는 손

평일 일몰 직후라 교회는 조용했고 사람도 없었고 행인도 많지 않았다. 카메라를 세팅하고 열심히 이 각도, 저 각도에서 촬영을 이어갔다. 셀프 야간 촬영을 위해 산 자전거용 전등이 큰 도움을 주어 어둠 속에서도 밝은 빛으로 인물을 부각하며 촬영을 이어갈 수 있었다.

제작 이후 1년, 최근 접한 미디어 속 펭수의 모습은 초기에 보여줬던 철학적이고 깊이 있는 마인드가 보이지 않아 캐릭터에 대한 애정이 조금 식었다. 그래도 처음 시도한 단령이라는 아이템과 제작을 위해 애쓴 나의 노고를 생각하여 몹시 추운 날은 패딩 대신 입을 옷으로 남겨두고 있다. 캐릭터에 대한 애정은 식어도 그 당시 캐릭터를 사랑했던 나의 열정과 마음은 영원히 기억 속에 남는다. 순간에서 영원이라는 말이 이러한 것이라는 것을 깨달으며 글을 마친다.

20. 〈은하철도999〉 '메텔' 한복

　나는 어린이 시절, 가수 김국환 씨의 나지막한 목소리로 엄마 잃은 소년이 희망을 찾아 기차를 타고 우주여행을 떠난다는 노래를 듣고 자랐다. 기계 인간이 되기 위해 길을 떠나는 주인공과 그 주인공을 인도하는 안내자 '메텔'이 등장한다. 그는 줄곧 기계 인간이 되고 싶어 하는 젊은이를 안내하는 역할을 해왔고, 그 여행의 끝이 불행임을 알고서도 멈출 수 없는 자신을 원망하고, 여행자에 대한 속죄로 늘 검은 옷을 입는다.

　로봇에는 3가지 종류가 있다. 안드로이드, 사이보그, 휴머노이드. 안드로이드는 인조인간이라는 뜻으로 사람과 거의 유사해 보이도록 만든 로봇을 뜻하고, 휴머노이드는 인간의 신체 관절과 비슷한 방식으로 움직일 수 있는 로봇이다. 두 로봇은 태생이 기계이다.

　사이보그는 태생은 인간이나 신체의 일부를 기계로 개조한 것을 뜻한다. 개조 인간이라는 뜻으로, 〈은하철도999〉에 등장하는 기계 인간은 사이보그로 볼 수 있다.

　사이보그로 자신을 개조한 인간은 향락에 빠지고 나태

철도 안에서

화랑대역 앞에서 1

해지며 우울감에 자살하는 사회상을 애니메이션에서 그린다. 행복을 위해 기계 인간을 택했으나 그 선택이 행복인지에 대한 의문을 내게 던져준 작품이 바로 은하철도999였다. 자본주의 사회에서 돈만 많고 풍요롭다면 우리는 행복할 수 있는가에 대한 질문을 은하철도999로 갈음할 수 있을 것 같다.

화랑대역 앞에서 2

여행자를 인도하고 위기에서 구해주는 메텔. 그러나 친모의 명령에 의해 여행자를 위험에 빠뜨리는 유인책의 역할을 하는 메텔. 같은 행동이지만 상충하는 목적의식 속에 스스로가 괴로워 보였다.

내가 기억하는 메텔은 차분하고, 어떤 관점에서 보면 모성애를 느낄 수 있는 부분이 있는 캐릭터였다. 인간인지 기계인지 모를 신비한 정체가 매력적으로 느껴졌다. 한복으로 메텔을 표현해보고 싶다는 욕망이 생겼다.

SNS를 통해 화랑대 철도공원에 검은색 기차가 전시된 것을 발견했다. 눈이 내릴 때 검은 기차 앞에서 은하철도 999 사진을 찍었으면 하는 바람이 생겼다.

눈이 오기 전에 한복을 만들어야 촬영을 갈 터인데 미루다, 눈이 내리는 날 의상을 만들었다. 바탕이 될 검정 두루마기는 '김대리' 두루마기를 썼고, 케이프는 운견으로 제작했다. 자수 혹은 각진 문양을 넣지 않아 케이프로 보이는 운견이었지만 운견으로 만든 것임을 강조하고 싶다. 머리는 메텔 모자 대신 풍차를 썼고 남바위 느낌이 나도록 볼끼를 묶었다.

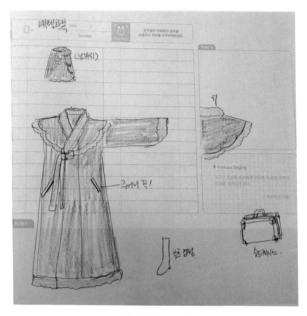

메텔 한복 스케치

여행자의 필수품 가방은 박스로 제작할까 고민하다 예전에 퇴직금으로 큰마음 먹고 질렀던 가죽가방을 소품으로 썼다. 아끼느라 2번밖에 안 들었는데 3번째 외출에서 비를 맞혔다. 아끼다 똥 되느니 그냥 팍팍 쓰는 게 남는 거다.

이렇게 의상을 준비하고 평일 오전, 화랑대 철도공원을 방문했다. 눈 혹은 비가 온다는 일기예보가 있었는데, 날이 따뜻해서 비가 내렸다. 우중 촬영이 되어서 조금은 슬펐다. 비가 많이 내릴 때는 전시장 안에서 촬영을 진행하고 비가 적거나 그칠 때 야외촬영을 병행했다.

전시장 안쪽은 대합실 느낌이 물씬 풍겼다. 기차 시간표, 차표 창구, 목탄용 난로 등등. 가장 눈에 띈 것은 객실을 포토존으로 꾸며둔 것이었는데 기차 안에서 트레일러에 간식거리를 팔던 옛 모습이 떠올라 잠깐 추억에 잠겼다.

철도공원에는 여러 종류의 기차가 전시되어 있었고 일부는 공사 중이었다. 메텔의 모습을 담고 싶은 기차에서 촬영을 열심히 달렸다.

이날 참 당황스러운 일이 있었다. 삼각대에 스마트폰을 고정하는 부품을 빠뜨리고 촬영장에 도착한 것이다. 이럴 수가! 멀리까지 왔는데 촬영을 접어야 하나! 멘붕이 왔다. 쓰나미 같은 충격 상태가 지나고, 마침 작은 스마트폰 거치대를 챙겨온 것이 생각났다. 하늘이 도우사 거치대의 스마트폰 고정 장치가 삼각대 나사와 호환이 되는 규격이었다. 촬영 각도가 전용 부품보다 제약이 있었지만, 촬영 자체가 가능하다는 것이 감지덕지했다.

역장 유니폼과 함께

은하철도999와 어릴 때 탔던 기차의 추억을 상기하며 즐거운 촬영의 시간을 보냈다. 철도공원은 서울 최초로 야간 조명 공원을 설치했다고 한다. 나중에 야간 조명촬영을 위해 다시 한번 방문해야겠다. 은하철도999로 화랑대 역사공원을 끝으로 이번 『코로나19와 함께 한복, 코스프레』 여행을 마친다.

맺음말: 좋은 것, 싫은 것, 이상(理想)한 것과 함께 한 여정

나는 코로나19가 시작되면서 자존감을 많이 잃었다. 모 출판사와 계약했던 책은 코로나19가 끝나면 출판하는 것으로 잠정 연기되었고(이제는 반 포기 상태이다.) 방역지침을 따르기 시작하니 코스프레 촬영을 자유롭게 할 수 없었다. 건강과 생명에 관해서 매우 보수적인 나는 코로나19에 걸리지 않기 위해 촬영을 지양했다. 코스프레로 표현하는 나의 이야기가 의도치 않게 중단되니 내가 할 수 있는 것은 SNS에 올라오는 수많은 코스어들의 사진을 구경하고 관찰하는 일뿐이었다.

비교. 내가 아닌 사람과 나를 비교함에서 시작되는 것은 결핍이었다. 나보다 화려한, 나보다 어린, 나보다 예쁜, 나보다 키가 큰, 나보다 잘 만든, 나보다 독창적인 등등. 타인과 나를 비교하면서 점점 나를 잃어갔다. 내 존재는 계속 여기 그 자리에 있는데 눈을 밖으로 두기 시작하니 내가 보이지 않았다. 이렇게 꽤 긴 슬럼프가 시작되었다.

장기간의 슬럼프와 긴 사색 끝에 얻은 결론은

1. 시선을 내 안으로 돌릴 것
2. 내가 할 수 있는 일을 할 것

이었다.

첫 번째로 깨달은 사실은 나는 여전히 코스프레와 한복을 좋아한다는 것이다. 이 두 가지를 교차하여 사복으로 한복을 만들어 입고, 생활에서 코스프레하고 있는 것이 코로나19로 바뀐 일상에서 나의 현실 모습이었다.

그렇다면 두 번째, 내가 할 수 있는 일은 무엇이 있을까? 캐릭터와 한복으로 나를 표현하고 기록하는 것이었다. 일상생활에 불편을 끼치지 않는 코스프레 한복으로 코스프레를 일상과 일치하는 것. 그리고 스스로 한복을 직접 지어 입는 것. 제품 소비로서의 한복이 아니라 무형문화를 기반으로 내 생각을 한복으로 표현하여 유형의 문화로 기록하는 것. 그것이 내가 할 수 있는 일이었다.

이렇게 생각을 정리하고 한복을 짓고 마스크를 쓴 채로 촬영을 재개하니 고민이 정리되기 시작했다. 결과보다 과정 자체가 의미 있음을 새삼 깨달았다. 누군가와의 비교보다 나 자신이 무엇을 생각하고 무엇을 하고 있으며 무엇을 지향하고 있는가가 가장 중요한 것이다.

그렇게 활동이 한둘씩 늘고, 사진과 글이 모이면서 좀 더 나의 방향성이 명확해졌다. 내가 할 수 있는 것을 하자. 그리고 누군가에게 도움이 될 일을 하자.

시장에서 기술의 발전과 분업화는 과거보다 완성도 높은 상품을 소비자에게 제공한다. 과거에는 그 상품에 창작자의 철학이 들어있어 사람들은 그 철학을 믿고 상품을 소비했지만, 최근에는 완성도는 높으나 철학이 희미해진 현상을 관찰할 수 있었다. 사공이 많으면 배가 산으로 간다는 속담이 이럴 때 쓰는 것이 아닌가 싶다. 보기에는 화려하지만, 내부는 텅 비어있는 공허한 것들을 말이다.

의상 제작부터 촬영, 보정, 글쓰기까지 모두 혼자 진행하면서 내가 표현하고자 하는 방향으로 꾸준히 진행할 수 있는 것이 이 작업의 큰 장점이었다. 의상의 화려함이나 멋진 구도의 사진 등의 완성도와 기술적인 면에서는 상품 가치가 떨어진다고 볼 수 있겠지만 내 생각을 전달하고 표현한 것만으로 나는 꽤 만족한다.

아울러 코로나19로 변한 인물 촬영의 방향이랄지 코스프레와 한복을 접목하여 무언가를 창조해냈다는 것 자체가 나 개인에게는 아주 고무적인 일이었다. 몇 년 후 누군가 코스프레, 한복, 코로나19와 문화를 관련지어 연구할 때

내 책이 기록으로서 조금이라도 도움이 되었으면 하는 바람이다.

처음이 어렵지 두 번째는 쉽다는 말처럼 이렇게 책을 완성하니 다음 책도 용기 내서 열심히 집필해야겠다는 자신의 목표가 생긴다. 함께 긴 여정을 달려와 준 독자들께 감사의 인사를 전하며 다음 책에서 다시 만날 날을 고대해 본다.

-끝-